诠释体育精神与文化：高校团体操创编理论与实践

顾碧威 著

北京工业大学出版社

图书在版编目（CIP）数据

诠释体育精神与文化：高校团体操创编理论与实践 / 顾碧威著．— 北京：北京工业大学出版社，2025.7重印
ISBN 978-7-5639-7211-1

Ⅰ．①诠… Ⅱ．①顾… Ⅲ．①团体操－编排（体育）－高等学校 Ⅳ．①G837

中国版本图书馆 CIP 数据核字（2019）第 262296 号

诠释体育精神与文化：高校团体操创编理论与实践

著　　者：顾碧威
责任编辑：张　贤
封面设计：点墨轩阁
出版发行：北京工业大学出版社
（北京市朝阳区平乐园 100 号　邮编：100124）
010-67391722（传真）　bgdcbs@sina.com
经销单位：全国各地新华书店
承印单位：三河市元兴印务有限公司
开　　本：787 毫米 ×1092 毫米　1/16
印　　张：12.5
字　　数：250 千字
版　　次：2021 年 10 月第 1 版
印　　次：2025年7月第4次印刷
标准书号：ISBN 978-7-5639-7211-1
定　　价：56.00 元

前 言

团体操表演经历了一个多世纪的发展历程，已经成了显示民族文化和科技实力的一种手段。它是体现一个民族的想象力、创造力的竞赛；是一个国家的国力、开化程度、文明程度的体现。为了实现团体操表演在内容与形式上的和谐、统一、完整，在叙事与声画上的完美结合，就必须形成正确、完整的团体操创编结构构思。

团体操是一项适合大众参与的团体娱乐项目，近年来发展迅速。我国校园内的小型团体操多见于运动会、校庆活动等表演中，在高校中进行团体操比赛，可以更好地增进学生之间的交流，增强学生之间的凝聚力，同时也达到了提高学生身体素质的目的。而编排和创新团体操则可以极为有效地吸引更多学生进行团体操的学习，能更有效地进一步推动我国团体操的发展。

全书共七章。第一章为绪论，主要阐述了团体操的起源与发展、团体操的分类与特点以及团体操的价值与作用等内容；第二章为高校团体操的基本元素，主要阐述了动作与变化、队形与图案、音乐与播音以及艺术装饰等内容；第三章为高校团体操创编原则与程序，主要阐述了团体操创编原则、团体操表演结构与高潮安排以及团体操创编程序等内容；第四章为高校团体操队形与图案创编，主要阐述了队形与图案设计的基本原则、场内表演队形与图案编排、队形与图案变化的规律与方法以及常见的队形变化与过渡实例等内容；第五章为高校团体操的表演动作创编，主要阐述了动作创编的素材与处理、团体操动作集体配合方法、波浪分类及原理以及创编表演动作的要求等内容；第六章为高校团体操的背景与场地布置，主要阐述了高校团体操的背景和高校团体操的场地布置等内容；第七章为高校团体操的组织、训练与表演，主要阐述了高校团体操的组织、高校团体操的训练工作以及高校团体操的表演等内容。

为了确保研究内容的丰富性和多样性，笔者在写作过程中参考了大量理论与研究文献，在此向涉及的专家学者表示衷心的感谢。

最后，由于笔者水平有限，加之时间仓促，本书难免存在一些不足和疏漏之处，在此恳请同行专家和读者朋友批评指正！

目 录

第一章 绪 论

团体操起源于德国，于19世纪中叶传入我国，发端于近代，发展于现代，而且不同时期的团体操表演也有不同的内容、形式和特点。随着世界人民生活水平的不断提高以及体育运动的蓬勃发展，团体操作为一项群众所喜爱的体育表演项目，一定还会得到迅猛的发展。本章主要从团体操的起源与发展、团体操的分类与特点以及团体操的价值与作用等方面进行了系统论述。

第一节 团体操的起源与发展

一、团体操的发展历史

现代团体操始于德国。19世纪初，在德国的体操俱乐部做体操时，并不是在教师或指导者的口令下集体进行，而是采用课题式的自由练习法。1810～1858年，号称德国学校“体操之父”的阿特尔夫·施皮斯设立了体操学校，采用了特殊方法作为班级体操练习的指导方法，而且开创了一种在口令指挥下进行的“合同体操”。其内容包括徒手体操、器械体操、道具体操、行进间运动等。后来这种体操在军队和学校中被广泛采用。到了20世纪发展为供人们观赏的“表演体操”，这与现代团体操的概念和内容很相似，可称之为团体操的雏形。

国外团体操不但开展比较早，而且也比较普及，如捷克斯洛伐克、苏联、德国、墨西哥、日本、朝鲜等，而且各国的团体操都有其民族的特点和风格。近年来，一些第三世界的国家对开展团体操活动也十分重视，他们把开展团体操活动作为对全国人民尤其是青少年进行宣传教育的手段。不少国家还专门聘请外国团体操专家去讲课、培训、创编、设计、组织指挥等，团体操表演的开展越来越规范。

1892年，捷克及一些斯拉夫民族国家为庆祝“天鹰”体育协会成立，首次举行了规模盛大的团体操表演。这被认为是近现代团体操表演的开端，从此大型团体操在世界范围内逐渐兴起，到了20世纪已发展为供人们观赏的“表演体操”。这一传统表演一直延续到今天，在2006年7月的第一个星期，布拉格市斯特拉霍夫体育场又迎来了六年一度的“天鹰体育协会团体操节”，当时已是第14届。来自五大洲20个国家的近18000名运动员参加了16个项目、为期两天的大型团体操表演，还有各种相关的文化、体育活动在布拉格市内广泛展开，其中还包括身着民族服装的大规模游行。参加本次活动的人数超过2000，时任捷克总统的克劳斯也前来观摩。

苏联曾是世界体操强国之一，在20世纪30年代初期就开始重视和发展团体操。从1930年起，一年一度分别在莫斯科、列宁格勒（现俄罗斯圣彼得堡市）和各加盟国的首都举行团体操形式的体育表演活动，并以宏大的规模、高超的体操水平震惊于世。

日本团体操在第二次世界大战后开始迅速发展，并得到了广泛的普及，以精湛细腻、富于戏剧性的表演风格引人入胜。至今在日本各类学校的体育教学中，团体操都是不可或缺的体育教学内容之一。作为体育教学内容之一，团体操在体育教学课和课外体育训练中得到了积极的开展。重视和发展体操运动，是日本学校体育的特点之一。通过团体操集体队形和动作的训练，培养学生遵守纪律、听从指挥和步调一致的作风；通过体操、技巧、叠罗汉等技术训练，培养学生健美的身体以及勇敢顽强、不怕困难的品质。

朝鲜从1959年开始在全国普及团体操，并专门成立团体操组织领导机构，专门从事团体操创编、训练和表演等工作。规定团体操为国家体育竞赛项目和重点表演项目，国家从人力、物力和财力等方面给予保证。在朝鲜历届全国运动会上都会组织规模宏大的团体操表演。团体操成为宣传朝鲜人民在政治、经济、文化教育和体育事业等方面取得伟大成就的一种形式，在朝鲜的重大节日、庆祝活动和大型集会上，经常举行不同规模的团体操表演。1961年9月，平壤牡丹峰体育场（现称金日成体育场）首次上演《劳动党时代》，这是朝鲜式团体操的雏形。1971年，朝鲜成立了团体操创作团，该创作团曾创作几十部作品，组织团体操表演880多次。朝鲜历届全国运动会上都组织了规模宏大的团体操表演。除此之外，国家规定团体操为学校体育教学内容之一，在体育教学课和课外体育训练中积极开展团体操活动。团体操组织领导机构的人员经常带着团体操方案，深入学校进行训练和指导工作，不断提高表演水平。

2002年，朝鲜推出由10万人参加表演的以“阿里郎”为题的大型团体操。2007年8月，“阿里郎”被载入《吉尼斯世界纪录》，是世界上规模最大的团体操表演，成为外国游客到朝鲜旅游必看的“节目”之一。

朝鲜团体操的特点是主题鲜明、气势磅礴、场面壮观，主要反映朝鲜人民千里马的精神，奋发图强建设社会主义的战斗风貌和幸福生活，歌颂劳动党，歌颂自己的领袖。表演动作、队形灵活多变，层次清楚，节奏分明。有些场次表演以队形变化为主、动作为辅，表现出朝鲜人民高度的组织纪律性，给人们一种团结向上的力量。表演动作既有整齐划一的集体配合动作，又有难度较高的体操、技巧、叠罗汉等动作。近年来，在团体操表演中出现了大型道具动作和在体操器械上完成具有高难度的成套动作，表现了朝鲜体操运动的普及和较高的水平。朝鲜人民喜爱音乐和舞蹈，在团体操表演中，音乐、服装和道具等艺术装饰都有浓厚的朝鲜民族特点和风格。运动员身穿朝鲜民族服装，在优美动听的音乐伴奏中翩翩起舞，把优美的体操动作和民间舞蹈结合起来，给朝鲜团体操增添了现代与民族色彩，充分表现了朝鲜人民的能歌善舞和对艺术的酷爱，以及对生活充满无限美好的憧憬。

团体操不仅仅在以上几个国家得到开展，像拉丁美洲的墨西哥以及其他国家对开展团体操活动也十分重视。近年来，随着体育文化的日益繁荣，许多国家都注意到开展团体操活动不仅可以丰富文化生活，而且可以满足人们的审美需要，是进行社会文化教育的良好手段。

二、团体操在我国的发展历程

（一）我国古代团体操的渊源

在我国古代，每当丰收或祭祀祖先、神鬼时，人们模仿各种动物的形态，踏着节奏，手舞足蹈来表达他们的心情，或者表达他们对自然的崇拜和对祖先的敬仰，这是舞蹈或文体形式的最初构成。虽没有足够数量的表演人数，也没有队形图案的变化，不具有团体操表演的特征，但已有一定的节奏和简单的动作语汇。在此基础上，文体活动继续发展，无论在表演形式、动作语汇还是服装道具的运用上，人们都有了更深入的研究。如《吕氏春秋·古乐》记载："昔葛天氏之乐，三人操牛尾，投足以歌八阙"，是说三人手里拿着牛尾，脚踏节奏，边唱边舞，其内容和形式达八节之多；《尚书·益稷》中记载的模拟百兽的群体舞；马家窑出土文物彩陶图案中的分组群体舞蹈，伴有一定的韵律节奏和队形变化；华夏民族形成初期富有节奏感、内容和形式丰富多彩的武舞和文舞（武舞即有一定的队形、有舞蹈的节奏，结合实战的持兵器的武艺操练；文舞即乐舞、声舞等纯粹的文艺表演）等，既孕育着文艺表演也孕育着团体操。尤其到了唐宋时期，宫廷中出现的"字舞"和"花舞"既有服装道具、队形图案的变化，也有组字及音乐的伴奏。从表演性质、目的任务来看，虽还不能称为团体操，但已与团体操表演极为相似，表明我国团体操逐渐成形。

（二）团体操在我国的发展阶段

中国团体操的发展主要体现在现代团体操上，即 1840 年鸦片战争以后。鸦片战争爆发后，中国进入了半殖民地半封建社会，西方体育的传入为兵式体操的发展奠定了基础。1907 年，上海成立了中国体操学校，其教学内容中的徒手体操、士兵操、武术及音乐舞蹈等逐步影响到大、中、小学的体育教学；由平时的集体操练发展到一些运动会上，进行经过编排组织的集体表演，中国团体操从此以一种宏大而独特的运动形式面向世人。从总体上来说，中国团体操的发展经历了两大时期，即新中国成立前的萌芽展露期和新中国成立后的迅猛发展期。

1. 新中国成立前的萌芽展露期

新中国成立前，在北京、上海、天津、南京、杭州、长春等地的运动会上，都组织过团体操表演。

最早一次规模较大的团体操表演是 1907 年在南京学界第一次联合运动会上进行的。80 多个学校分别表演了队列行进、兵式体操、普通体操、舞蹈等，从规模和内容上奠定了团体操的最初基础。

1910年至1949年，在国民党统治时期，由于帝国主义列强对我国的侵略、掠夺，以及国内军阀的封建割据、反动统治的腐败，导致经济落后、人民贫困，团体操发展缓慢。在这期间一共举行了七届全国运动会。第一届至第三届（1910年、1914年、1924年）全国运动会的开幕式非常简单，没有团体操表演。

第四届（1930年）全国运动会开幕式上，杭州市近5000名小学生进行了表演。

第五届（1933年）全国运动会上，41所小学的2000余人在散点队形和统一口令指挥下表演了太极拳，这是首次在全运会上表演规模较大、民族色彩较浓的团体操。

1935年10月10日至24日，在上海体育场举行了第六届全国运动会。在开幕式上，上海市组织36所学校的小学生共3000人表演了太极拳。大会进行期间还穿插了童子军检阅与表演、工人团体操表演、武术比赛和器械操表演等。

第七届全国运动会于1948年5月5日至16日在上海江湾体育场举行。在开幕式上，上海男女小学生共6000人身着白色上衣、蓝色短裤和白鞋表演了柔软体操。

从上述运动会的发展趋势来看，这一时期我国团体操的内容、规模、形式等都发生了变化，内容由简单的徒手操发展到太极拳表演，并逐步增加了少量轻器械体操和叠罗汉等动作，具体表现在：①由一致动作发展到动作间的高低起伏、对称，并出现了不同姿势和方向的一些变化；②在队形方面，也由最基本的体操队形发展到纵队、横队以至简单的综合队形和图案变化；③在艺术装饰方面，采用简单的钢琴曲进行伴奏，表演服装统一颜色，表演道具使用轻器械；④从规模上讲，团体操的参与人数也越来越多，规模越来越大，越来越向大型团体操的方向发展。但是，虽然在第六届、第七届全运会开幕式上表演了两次轻器械体操、叠罗汉、组字、队形变化及有钢琴伴奏的团体操，使团体操开始与艺术结合，并日趋表演性。然而这些表演仍比较简单，仅视为中国团体操的萌芽，为新中国成立后团体操的发展奠定了扎实的基础。

2. 新中国成立后的迅猛发展期

新中国成立后，在党和国家的关怀下，在团体操事业的开拓者和广大体育工作者辛勤而富有创造性的奋斗中，中国团体操得到了迅速的普及和发展。目前，团体操已成为我国高校体育专业教学的选修课，成为学校和社会各级各类运动会，尤其是全国性、国际性大型体育盛会开幕式的重要表演项目，其水平有了新中国成立前所无法与之相比的飞速提高。而且，中国团体操已在世界上享有盛誉，许多国家特邀我国派团体操专家为其运动会或国庆大典编训团体操、培训教练员等。从总体上来说，新中国成立后团体操的发展共经历了6个重要阶段。

（1）第一阶段（20世纪50年代）：系统化形成阶段

新中国成立后最早的一次团体操表演，是1949年10月22日在北京先农坛体育场举行的“北京市人民体育大会”上，表演内容包括体操（团体操、器械体操）、舞蹈（秧歌舞、边疆舞、唱游）和民间技艺等。

1952年8月，在北京先农坛体育场举行的第一届中国人民解放军体育运动会上，进行了中小学生团体操表演。1955年6月，我国应邀派出了以蔡树藩为团长、钟师统为副团长的体育代表团，参加捷克斯洛伐克第一届全国运动会。应邀参加的还有苏联、波兰、匈牙利和蒙古人民共和国等国的代表团。中国代表团人数最多，以北京体育学院学生为主，由160余人组成，参加了团体操和器械操表演。开幕式的下午表演了4场团体操（每场表演约40分钟），每场表演内容和人员都不相同。第二天下午，捷方特别邀请了中国代表团共同表演。中国代表团表演了男女生徒手操、棍棒操，在表演精彩的连续筋斗时，表演者从空心体操棒中抽出“平伞”道具迅速组成中、捷两国国旗，赞颂中捷两国人民的友谊，顿时全场形成高潮。次日，布拉格的报纸刊登了中国代表团表演的消息、照片与评论，给予了很高评价。第三天晚上，捷方在其他运动场又组织了团体操表演专场，中国代表团是唯一受邀表演两次的代表团。我们首次出国表演团体操获得巨大成功。同时，在观摩捷克等外国团体操表演的过程中，我们也学到不少知识，得到启发，对我国团体操的发展起了促进作用。

代表团回国后受到相关领导人的赞扬，并得到指示将参加表演的团体操改编扩大，在第一届全国工人运动会开幕式上表演。1959年10月2日，在先农坛体育场举行的第一届工人运动会开幕式上，北京体育学院和另外两个单位联合表演了较大规模的团体操。第一场由北京市工人表演广播体操并组成和平鸽图案，第二场由师大附中女学生表演体现“幸福生活”的团体操，第三场由北京体育学院的1300余人表演宣传“第一个五年计划”的团体操。这次表演第一次配有简单的小面积的组字背景。这是全国大型运动会开幕式专场团体操表演的开端。

1956年8月，在青岛举行的第一届全国少年运动会开幕式上，青岛市组织1200名男女中学生表演了主题为“在党的阳光照耀下健康成长”的团体操。

1959年8月，在北京先农坛体育场举行了第二届中国人民解放军体育运动会。在开幕式上，由北京市6700名中小学生表演了“儿童操”“工人操”“农民操”和“少女操”四场团体操。

1959年9月，在北京新建的工人体育场举行了新中国第一届全国运动会。当时国家体委相关领导要求大会组织得隆重、精彩，做出好成绩，向国庆10周年献礼。为了完成开幕式团体操表演任务，1958年8月组成了团体操编委会。经过一年多筹备、创编和训练，在第一届全运会开幕式上表演了由8000余名大、中、小学生参加的大型团体操《全民同庆》。这次表演虽然还未配备看台背景，但是无论从规模还是组织和编训工作等方面，都为我国组织、编训大型团体操提供了经验，初步建立了我国团体操表演体系。它第一次在统一主题指导下，将五个场次的表演有机地组织在一起并形成一个整体，并且用音乐指挥全部表演。团体操采用了民族舞蹈、武术和技巧动作以及符合各场特点的服装道具等，鲜明地反映了我国团体操的民族特点与风格。

所以《全民同庆》标志着我国团体操由过去的单场表演或数个汇操发展到统一主题下的多场次表演阶段。它开创了我国大型团体操系统构思、统一组织、创编、训练的新阶段，使中国团体操从理论到实践、从组织到编训开始走向系统化。

（2）第二阶段（20世纪60年代）：突破性发展阶段

20世纪60年代，我国团体操在设计构思、内容选择、创编、表演技巧、合理运用各种艺术装饰以及组织工作和训练方法上都有很大提高。特别是背景台的出现，是当时团体操的突破性飞跃，标志着我国已建立了完整的团体操表演体系。

1965年9月，在北京举行第二届全运会，在开幕式上演出了大型团体操《革命赞歌》。由16360人参与表演，以鲜明的主题、严谨的结构、雄伟壮观的场面、气势磅礴的音乐、新颖独特的团体操动作语汇和整齐划一的表演引起国内外强烈反响。尤其是我国第一次出现8000多人的大型背景表演，大大地增强了团体操的表演气势和艺术魅力，使中国团体操迈进立体表演的新世界。因此说，《革命赞歌》的成功是中国团体操整体艺术水平的一次突破性飞跃。

（3）第三阶段（20世纪70年代）：多方面发展阶段

1972年6月，在首都体育馆举行全国五项球类运动会，在开幕式上由400名儿童表演了团体操，这是首次在馆内表演团体操。同年7月2日在工人体育场举行闭幕式，表演了“群众体育活动广泛开展”“在大风大浪中锻炼成长”“社会主义体育朝气蓬勃”“团结起来争取更大的胜利”四个场次的团体操，有3360人参加场内表演，4500人组成看台背景。1972年9月，在首都体育馆举行的第一届亚洲乒乓球锦标赛开幕式上又表演了团体操《小松树快长大》。其主题歌曲《小松树快长大》给观众留有较深的印象并广泛流传。

1973年8月，分别在烟台和长春举行的第一届全国中学生运动会开幕式上，组织表演了较大型的团体操《新的一代》和《青春献给祖国》，并都有背景配合表演，反响较好。同月在首都体育馆举行的第一届亚非拉乒乓球友好邀请赛开幕式上，表演了大型舞蹈、武术、杂技和团体操《银球传友谊》。这场团体操利用馆内灯光效果，采用火棒及红灯式的灯光道具，馆内灯光时亮时暗，暗时灯光道具齐放光彩，借助队形与动作变化构成绚丽壮观的场面，这是馆内表演最成功的一次。

1974年至1975年年间，在北京、天津等地还兴起了幼儿团体操表演活动，引起人们的广泛关注。

1975年5月，在北京工人体育场举行的中国人民解放军第三届体育运动会开幕式上，第一次正式表演了由1600名战士和学生参加的大型团体操《我们的队伍向太阳》。

1975年9月，在北京工人体育场举行的第三届全国运动会开幕式上表演了由22000余人参加的大型团体操《红旗颂》。这次表演的规模是空前的，技术难度提高了，队形图案有不少创新。背景的组成由露头变为不露头，使画面更加清晰，活动画面的手法也更加丰富。

1979年9月，在北京工人体育场举行了第四届全国运动会，开幕式上又一次组织了由近16000人参加的大型团体操表演《新的长征》。这次创编构思突出了体育表演的特点，表演人员的穿着均以运动服装为主，运用体操、技巧、舞蹈和高空滑降动作表现“新的长征”主题赢得观众好评。

20世纪70年代是我国团体操在已形成的统一主题下多场次表演结构模式的基础上表演手法不断丰富完善，并向多方面发展的阶段。

（4）第四阶段（20世纪80年代）：新天地开辟阶段

20世纪80年代，随着科学技术的迅猛发展、电脑技术的引进，团体操朝着熔色、声、光、形于一炉，集操、舞、音、美于一体的多层次、多角度、多侧面、多方位的综合艺术化方向发展。

1987年11月，在广州第六届全运会开幕式上，团体操《凌云志》作为我国第一次创编的夜间运动场团体操表演获得了成功。8000人的大型灯光背景在国际上也属罕见，与场下火龙、火棒灯表演相配合，产生了白天团体操表演难以实现的辉煌绚丽的视觉效果。它大大拓展和丰富了团体操的表演形式，使中国团体操迈向新的里程。自此之后，南京、济南、唐山、南宁、北京、上海等地举行的各种全国性运动会也都陆续进行了夜间大运动场团体操或文体表演，在灯火、道具等方面也有了不断的发展。

（5）第五阶段（20世纪90年代）：综合化发展阶段

1990年我国首次承办了亚运会，这是我国体坛有史以来最重大的体育赛事。为迎接这一盛会，中国团体操工作者为开幕式献上了《相聚在北京》大型团体操。它吸收了适合在广场表演的民族、民间文体形式，如太平鼓、安塞腰鼓、威风锣鼓、荷花舞等，使团体操的表演形式和手段更加丰富，具有民族特色。《相聚在北京》以振奋民族精神、弘扬中华民族文化的鲜明特色赢得了国内外的高度赞誉。

1992年3月，在广州举行的第三届全国残疾人运动会开幕式上，表演了室内团体操《生命之歌》。这是我国在室内团体操表演中首次运用场景舞台和多种灯光（如激光、电脑灯、紫外线灯、彩色侧灯、追光灯等）等舞美手段，大大增强了团体操的艺术魅力。1993年，在北京举行的第七届全运会开幕式上，进行了大型文体表演——《爱我中华》。通过11000多人的七场表演，展示了中华民族悠久灿烂的文化与我国改革开放所取得的巨大成就，表达了12亿中国人民对北京申办2000年奥运会的强烈愿望。

1997年10月，第八届全运会在上海举行。18000人参加了主题为“祖国万岁”的大型文体表演。它由“伟大的民族”“奋进的时代”和“腾飞的巨龙”三个章节组成，整场表演主题鲜明、寓意深刻，通过丰富多变的色彩、队形图案的流动感以及灯光的巧妙配合等，淋漓尽致地显示出全场表演的艺术气魄。《祖国万岁》的表演在国内外引起强烈反响。

从国内团体操的发展简况中我们可以看出，团体操经历了由零散的单场操或几个操会演，发展到综合运用多种形式与表演手段，从而使整体水平由低到高的发展过程。

（6）第六阶段（21世纪）：高科技创新阶段

随着科学技术的迅猛发展，团体操表演也越来越多地运用高科技手段。2005年10月

12日，第十届全国运动会在南京正式拉开帷幕。与以往的全运会开幕式相比，十运会开幕式文体表演以“时代交响”为主题，提倡和谐奋进，在制作形式上注重与国际大型活动接轨，并首次采用了超大型中心舞台。中心舞台里面设置了许多机关，功能十分齐全，如可升降系统、水雾系统、水调节系统以及大型道具的变化等。尤其是水调节系统，可以使原本还是平地的舞台瞬间变成波光粼粼的水面，演员们在其中可自如地演绎一番水乡风情。

十运会开幕式的电视直播更注重画面效果。以往国内的大型活动电视直播主要注重现场气氛的表现，十运会开幕式的现场直播则更注重画面效果与现场气氛的结合，使无法到现场的电视观众也可以欣赏到美轮美奂的开幕式表演。为了使电视画面有气氛、有形象、有细节，也更加生动，团体操编排时在细节上也充分考虑到电视直播的效果，比如观众可以从中心舞台的水中看到游弋着的活生生的鸭子，在道具渔船上的鸬鹚也是如此，给开幕式平添了几分生活意趣。

此外，同以往大型活动相比，这次十运会开幕式的灯光在种类和数量上也十分繁多，可以说是前所未有。开幕式结尾有15分钟的高空焰火表演，这些也使开幕式变得更加精彩纷呈。

在2008年北京奥运会开幕式上的团体操表演《美丽的奥林匹克》，可谓是集体育、艺术、科技为一体的团体操形式的宏大经典表演。表演人数达到了14000人，不仅采用高科技手段制作舞台背景，在道具的应用上也十分新颖。主题思想突出，将民族传统文化展现无遗，浓厚的中国元素——日晷、击缶、司南、活字印刷、长城、兵马俑、丝绸之路，还有中华卷轴，呈现出体育与艺术、科技的完美结合。高科技演绎的背后，是中国五千年历史积淀的瞬间绽放。这次开幕式给了世界一个惊喜，每一场表演都是万人瞩目的亮点，充分体现了北京奥运会“人文奥运、科技奥运、绿色奥运”的理念。不仅如此，此次健美操表演也实现了场地上的突破，将团体操的表演场地由场馆内延伸到了场外、空中等。可称得上是历届奥运会开幕式中最精彩的表演之一。

三、团体操的发展趋势

（一）风格内容多元化

随着社会和体育事业的蓬勃发展，团体操表演已不再是一种欢庆形式，更多的是一种视觉享受。团体操在表演内容上从起初的单一化表演向舞蹈、戏曲、韵律体操、健身操等多元素方向发展。

进入21世纪后，团体操在内容的选择上更加注重民族特色、地方文化以及体现国家繁荣昌盛的素材，将顺应时代潮流放在首位。因此全运会团体操表演在主题与风格的选择上正向着注重地方特色、民族传统文化和多元化方向发展。

（二）融入更多现代时尚健身方法手段

因为团体操的与时俱进，团体操已从起初的“集体做操”形式发展到如今的大型文体表演、文艺表演，团体操已融入更多的现代时尚健身方法手段，体育与艺术相互渗透，共同进步。最初的团体操以体操动作为主，以集体做操的形式表演；现代的团体操更加注重视觉的观赏性，内容也更加丰富，逐渐融入武术、拳击、健美操、啦啦操等一系列时尚健身项目，在动作展示上也更加多样、新颖。

（三）服装上注重流行，道具上注重便捷

团体操在表演内容和形式的选择上越来越广泛，服装和道具不断完善。服装和道具的设计以民族民间及仿生服饰为素材，在保留原有服装风格的基础上大胆创新，根据不同的表演内容体现不同的特征。道具的开发更侧重于展现民族特色、地域文化，研制出新颖的能循环利用的道具，将在更大程度上受到人们的认可。

（四）科技化程度日益提高

现代高科技的发展给团体操表演内容的充分展示和舞美设计提供了更加广阔的舞台。各种灯光，如电脑灯、激光灯、荧光灯的运用使现代团体操表演更加色彩斑斓；活动舞台、空中表演装置、音乐喷泉等设施的运用丰富了广场的舞台层面；多变体联合器械、多变舞蹈道具和服装的成功设计，使广场表演更加多样、绝妙。此外，干冰机、热气球等现代手段都可以为表演所用，将表演推向更高的意境。另外，随着现代手段的运用和文艺表演的增加，团体操表演在外部形态上更倾向于舞台艺术表演。团体操表现出更多的用肢体语言或独特的动作语汇来表达一定的主题思想。从团体操的表演场景、表演过程以及整场表演的退场来看，都是在舞台、灯光的配合下逐步完成的。从表演过程以及情节的展开方式来看，也更为抽象、耐人寻味。随着科技的不断进步，还会有越来越多的科技成果和文艺形式被运用到表演创编之中，使表演手段更趋向现代化、舞台化，不断达到新的艺术高峰。

第二节 团体操的分类与特点

一、团体操的概念与内涵

团体操自诞生之日起，在不同国家甚至是同一国家的不同时期，对团体操内涵的理解也有所不同。在中国，团体操在不同的时期有不同的内涵，如出现过合同团体操、表演体操、群众性表演项目等不同的界定。随着时代的发展，团体操的内涵也在向高层次发展，并且自成体系。从总体上来说，团体操是一项体育与艺术高度结合的综合性集体表演项目。

（一）团体操的概念

现代的团体操是指融体育、文化艺术、科学技术为一体，以体操动作为主、能表达一定思想内容的群众性集体表演项目。它是众多表演者在体育场上，通过整齐和优美的体操动作、舞蹈动作、武术动作、民间技艺等，快速组成各种巧妙的队形和绚丽多彩的图案，并配以音乐、服装、道具及背景灯光等艺术装饰而构成的表演整体。

团体操多在运动会上或重大节日里进行表演，它场面壮观、人数众多、气势宏伟，融体育与多种艺术为一体，具有群众性、艺术性和体育教育性的特点。团体操的规模少则几十人，多则成千上万人，在大型场馆中进行表演，堪称广场体育艺术。

团体操的严格训练和表演，对增强表演者体质、培养良好的身体姿态、进行美育教育、陶冶情操、加强集体主义观念和组织纪律性都有明显的效果。团体操表演还可以生动、具体地宣传党的方针、政策和路线，反映我国社会主义物质文明和精神文明建设所取得的伟大成就，表现我国体育运动的技术水平等。

实践证明，团体操能寓宣传教育于表演之中，使观众得到健与美的享受和精神鼓舞。同时，为盛大节日和体育运动会增添了热烈隆重的气氛。

校园团体操属于团体操的范畴，是指在校园内这个特定环境中，以教师和学生为表演主体，以校园体育文化为主要内容，突出校园精神特征、展示校园风貌、融体育与艺术于一体的集体表演项目。它的表演多数为借助身体语言、队列队形变换以营造不同主题的徒手动作；有的节目为了烘托气氛、表现强大恢宏的气势，就利用各种大型道具完成表演。所使用的道具多种多样，小型的有球、扇子、旗子、服装、圈、带、手鼓等；大型的有锣鼓、帆船、钢架、车、飞机等。表演题材有反映体育竞赛精神的校园健美操、艺术体操、武术、太极表演等；有借助舞蹈表演反映当地民族文化风情的民族舞、爵士舞、现代舞、国标舞等；还有充满生活气息的场景剧等。校园团体操的规模可大可小，一般在校庆、纪念日、歌颂某一成就或校运会、系运会的开幕式上进行表演。它已逐渐演绎为学校体育精神的象征，更是一个学校、一个集体展现自身特色文化的有力媒介。它的表演地点根据演出和比赛性质或条件的不同而不同。在小型庆典、馆内比赛或运动会的开闭幕式上，团体操表演会在室内或一般空场地上进行。这种表演的特点是人数较少、设施简单，但编排精致，注重动作细节。

大型庆典（如几十年、100 年校庆或省市级乃至全国学生运动会等）的团体操表演则会选择在综合性和设备先进的大型体育场进行。这不仅需要投入大笔资金，还需要灯光、音响、道具、服装、音乐、舞美等各部门与编导团队、大批演员和后勤保障、安保等的合作。随着体育运动的蓬勃发展，团体操作为一项群众喜爱的体育表演项目得到了迅猛的发展，已经广泛进入大、中、小学的学校运动会和庆典节日的重要活动中。目前，团体操已逐渐成为我国高等体育院校“体育教学专业”的选修课或必修课，因此从地位上确立了校园团体操的发展趋势。团体操是高校体育教育中一项气势恢宏的集体体育表演活动，它已逐渐成为校园内各项重大赛事、庆典活动中开闭幕式上一种不可或缺的特殊表演形式。

（二）团体操的文化内涵

我国团体操经历了风风雨雨，每前进一步都是建立在历史和民族文化精华的基础之上，饱含了文化艺术精华。任何一个社会形态的变革都没有能够阻止其发展，相反，却赋予了团体操新旧文化的契合，最终达到进一步丰富和完善，具有深厚的文化底蕴。团体操的文化内涵在于典型的民族性与时代性。这种民族性与时代性使团体操产生在特定的文化氛围中，不知不觉地吸收现存传统文化的许多观念，成为特定的传统文化的一部分并主动地扬弃传统文化，吸纳中外文化、社会文化与民族文化的营养。

我国深厚的民族文化赋予了团体操独有的韵味和表演魅力。由于团体操生长在我国这样一个多民族大国中，从远古到现代，吸纳不同民族的文化精髓，展示不同民族的精神面貌，犹如一座架设于各民族间的桥梁，具有沟通所有民族成员心灵的特性。与此同时，作为社会、时代发展的产物，团体操带有一定的政治色彩，见证历史社会的发展，犹如一个小小的窗口，从团体操表演中往往可以窥见当时的政治时局、一些方针政策和人民的精神面貌，以及表演地区的经济、体育、艺术水平等。

从长期的团体操训练活动沿袭而来的团体操，表演人数从几十至成千上万，以此配合千变万化的队形、磅礴的气势，取得一般艺术活动难以达到的效果，尽显体育与艺术两种活动的风貌。这是团体操这一广场艺术的显著特点，也是表演性及体育艺术魅力的独特性所在，究其根源，与两种活动的长期、细致打磨密切相关。

二、团体操的分类

（一）按受教育阶段划分

参加校园团体操演出的人员绝大多数是本校学生和教职员工，以及部分特邀表演团体人员。团体操根据学生的受教育阶段可分为幼儿团体操、小学团体操、中学团体操和大学团体操。

①幼儿团体操。受年龄特点的限制，幼儿团体操的规模一般只有几十人，通常是以“班”为表演单位，进行某一特定内容的小型集体表演。如集体在场地上表演一套基本体操、模仿操或集体舞蹈等。此种类型的团体操一般会在六一儿童节进行表演。

②小学团体操。小学团体操的规模一般为几十人或上百人，通常是以“年级”为表演单位，进行某一特定内容的集体表演。如在场地上表演一套基本体操、广播体操或集体舞蹈等。此种类型的团体操通常是在六一儿童节或运动会开幕式上进行表演。

③中学团体操。此阶段的学生对“美”有了一定的理解，团体操的表现形式相对来说更加丰富。除常用的广播操和课间操的动作外，一般会有舞蹈、啦啦操、艺术体操等内容的表演，甚至会在某些场景中加入技巧、托举和叠罗汉等动作，也会采用一些简单的组字

或图案。服装以运动服或校服为主，表演道具多使用花球或花环之类的小器械。此类团体操通常在运动会或校庆日进行表演。

④大学团体操：大学的生源、师资、场地以及物质条件与幼儿园和中小学相比要优越得多。其团体操的规模较大，参与表演的人数多达上千人，涉及范围更广（包括学生、教职工和其他表演团体等）。一般是在校庆、纪念日、歌颂某一成就的大型活动的开幕式上进行表演。表演内容一般是将校园内的社团（协会）以及所开设的相关课程内容整合起来，形成集体育、舞蹈、军乐、声乐于一体的多场次综合性表演。如弘扬学校体育精神、展示青春活力的啦啦操、健美操等体育表演；有表现女生柔美优雅的舞蹈表演；也有体现男生阳刚有力的旗操、武术展示等。其服装、道具等艺术装饰明显好于中小学团体操。

尽管团体操表演朝着熔色、声、光、形于一炉，集操、舞、音、美于一体的多层次、多角度、多方位的综合艺术化、科技化方向发展，但校园团体操仍扎根于基层的生存土壤，它的规模、人数、耗资是依据庆典和运动会开幕式的性质、要求而进行动态调控的，总体而言保持着“简约与节俭”的理念，从现实需要出发，不盲目投入大量资金以过分凸显高科技创新因素，而是将创新的理念融汇在团体操的其他方面，如服装，道具的创新，动作语汇的拓展、地域文化的挖掘等，以此来丰富团体操的艺术内涵。这是一种更经济、更低碳的发展模式，也符合学校运动会开幕式表演及庆典活动的现实需要。

（二）按结构划分

①单场次团体操：单场次团体操是一场完成全部表演内容的团体操，因而一般时间都较短。

②多场次团体操：多场次团体操是由多个单场次表演组合而成的，它可以是由一个主题贯穿连续多场次的表演整体，也可以是无内在联系的多场次表演荟萃。

③行进式团体操：行进式团体操是在行进过程中循环重复某种表演的团体操。可以徒手，也可以持道具或在彩车上进行表演。

（三）按规模划分

①大型团体操：大型团体操一般有上千人参与，而且是多场次，表演总时间为 1 小时或更长，有丰富的艺术手段。

②中型团体操：中型团体操一般有成百人参与，可以是单场或多场次，表演总时间为 30 ～ 40 分钟，艺术装饰比较丰富。

③小型团体操：小型团体操一般有几十人参与，为单场次，表演总时间大约为十几分钟，表演中使用的艺术装饰较少或较简易。

（四）按场地划分

①室内团体操：室内团体操是指在体育馆、剧场、大会堂等室内表演台或场下表演区表演的团体操。

②室外团体操：室外团体操则是指在室外运动场或广场上表演的团体操。

③冰上团体操：冰上团体操是在冰面（天然或人造冰）上表演的如同冰上集体舞的团体操。

④水中团体操：水中团体操是指在水池或人工特制的水上表演区内表演的如同水上芭蕾的表演项目。

以上团体操类型的归纳划分，意在便于团体操的组织、编导、训练，便于研究人员更系统、全面、清晰地从不同角度与侧面去认识团体操，从各自的需要出发，选择不同类型的团体操进行训练或研究。

三、团体操的特点

校园团体操除与传统意义上的团体操在表演性、视觉性和听觉性上有共同特点外，还因校园这个特定的条件，表演者的受教育程度、年龄结构、文化素质、心理等个体差异而有其独特的个性特点。

（一）共性特点

1. 表演性

在团体操的表演中，把各个场次的各种细节、人物动作特征以及主题思想完整演绎出来的形式为表演特性。雄伟壮观的场面是现代大型运动会开幕式团体操表演的独特风格，几乎都是在大型体育场举行，表演人数有几千上万人；表演服装造型新颖、类型多样；图案队形也进行大的动态变化；音乐也以浩瀚宏壮为主。这些要素与背景、灯光、场景等舞美因素相互配合，共同构成雄伟壮观、气势恢宏的表演场面。它是一个有限制性、纪实性、区域性和综合性特征的现场表演过程。

2. 视听性

团体操是一种将视觉和听觉合为一体的综合性艺术，借用一定的表演物质材料塑造可让人观看的直观艺术形象。观众通过“看”去了解其中或动态或静态的动作含义、富有寓意的图案造型、丰富多彩的服装道具或背景变化，在视觉上得到一种美的享受；去“听”团体操音乐的旋律（或欢快，或流畅，或激昂，或柔美）以及某些特殊场景的解说。观众通过接收听觉和视觉上的综合信息，去理解、认识和感受表演主题以及传递出的艺术形象和意境，并产生一种情感共鸣。

3. 浓郁的地域文化与民俗特点

文化在一定的地域中与环境相融合后表现出的一种独特的文化就是地域文化。通常团体操创作者会把本地文化、民俗风情、生活理念，以及体现当地特色的民族舞蹈融入团体操表演中，借以弘扬当地的民族文化，增进交流。例如，2008 年北京奥运会开幕式团体操表演从气势恢宏、意境悠远的中国写意长卷开始，把中国古代 5000 年灿烂文化与西方文明巧妙连接，将四大发明贯穿其中；具有中国特色的水墨画带领人们进入了清雅宁静的远古时代；活字印刷则呈现了具有东方色彩的文化理念；孔子“三千门徒”吟诵《论语》再现了享誉世界的儒家文化；大篆、小篆、楷书三种字体的“和”字展现了中国人“和为贵”的思想，表达了全世界人民对和谐世界的共同追求。

（二）个性特点

1. 不可复制性

每一所学校在其发展进程中或多或少都经历了丰富的历史人文传统的积淀，有着不同的办学理念和历史文化背景，也有属于自己的传统体育文化。校园团体操采用多样化的体育艺术表现形式，展示校园文化建设的核心，并按照校园自身的规律不断发展和完善。它将校园内的各个社团进行整合、优选，再融合起来，使现有的学校文化活动更加充满朝气与活力；并将单一的各种体育活动内容，向着展示校园精神文化的全方位方向拓展，每一个校园团体操都有其自身的校园元素和鲜明的主题，具有强烈的校园特色和不可复制的特点。

2. 体育艺术性

团体操在 19 世纪诞生时，仅仅是一种在统一口令下集体做操的活动形式。随着时代和团体操自身的发展，团体操的概念拓宽了，其内容和形式也日益丰富，艺术性也随之增强。团体操以体育尤其是体操为主要表演形式，而能够被团体操采用的体育形式往往都是具有较多艺术成分的项目，如艺术体操、健美操、武术、花样滑冰、花样游泳、各色民族体育表演等。同时它兼收了大量艺术形式，如器乐、声乐、舞蹈、杂技、戏剧、民间“花卉”等表演，并采用了灯光、背景等舞美手段，从而使团体操不仅具有独特鲜明的体育特色，而且具有绚丽多彩的艺术魅力。尤其值得一提的是，团体操发展到今天，已形成了许多独特的表演语汇（如“波浪”等）。它以大广场为设计舞台，形成了自身较为完整、系统的编排理论体系，积累了大量的创作经验，使其与舞台大型文艺表演有着迥然不同的风格特点和人文景观，成为具有强烈体育艺术性的广场表演项目，从而为人类的文明进步增加了一份宝贵的财富。

3. 灵活多样性

团体操的灵活多样性体现在表演规模、时间、动作和内容上，可根据活动的需求和校园的特定条件做针对性的选择；根据表演者的基础采用单一场次、单一内容或多场次、多种内容的表演形式；也可以根据主题采用不同风格的表现手法；表演场地可为运动场、体育馆或礼堂的舞台。

4. 教育性与宣传性

校园团体操是一种直观的艺术形象教育，能唤起人们的审美意识，促进人类精神文明建设。作为一项由多人参与的集体表演项目，其服装道具华丽多姿，动作造型精益求精，队列图案丰富多样，艺术效果锦上添花，还会借助高科技手段创造艺术奇迹。表演需要编排者（导演、教练）、演员、灯光师、焰火部、后勤保障、音响师等团结一致、通力合作才能完成。这就需要参与者具备为集体荣誉而奋斗的团队精神。表演内容的多种形式、多个视角和多元化的体育精神、体育意识，以及体育文化素养的体现，将促进学生身心健康发展，拓宽其知识面，服务学生。团体操表演具有窗口作用，它是展示学校风采、提高学校地位和影响力的舞台，是学校管理水平和体育、文化、艺术水平的集中体现，是展示当代学生的强健体魄和蓬勃向上、富有朝气、自尊自信自强的精神风貌和良好校风的重要平台。全校师生人人讲体育，个个参与体育。通过团体操的训练和表演，能逐渐提高体育在学校中的地位，使体育在学校“德、智、体、美”全面教育中回到应有的地位，对于一些片面追求升学率而淡化体育教育的现象是一种有力的纠正。

四、团体操的表演风格

团体操对多种艺术形式借鉴与发展的必然结果，是团体操表演实践呈现出生机蓬勃的多元化的艺术发展态势，形成了多样的风格形态；同时也是团体操创编理论逐渐走向成熟的标志。因此，研究团体操的创编必须描述团体操的表演风格。

从团体操的演变发展过程中可以看到，最初的团体操是逐步发展起来的。当时的团体操没有过多的艺术装饰，但还是体现出体育特有的运动美的风格。随着团体操观赏与普及功能的不断强化，其多种表演风格形态逐渐展现在我们面前。

（一）风格的概念

风格的确切含义是什么？西方的理论家历来对风格的解释众说纷纭，又不得不承认风格是衡量一部作品成功与否的专用名词。事实上，艺术风格的复杂性既与艺术家主观方面的特点有关，也与题材的客观方面的特点相互联系。它涉及艺术作品内容与形式的各个层面。所以，西方的理论家不仅从形式方面对风格概念进行考虑，而且从内容方面对风格进行解释。

黑格尔说：“风格就是服从所用的材料的各种条件的一种表现形式，而且还要适应一定艺术种类的要求和从主题概念生出的规律。”这是从外在的形式方面来论述风格；法国文艺理论家布封在《论风格》中说：“风格即本人。”叔本华则认为“风格是精神的外貌”。他们谈到的人、精神等，抓住了风格的最关键、最根本的特征，即风格是人的精神实质。这是从内容方面来考察风格。德国著名文艺理论家威克纳格认为：“风格总是意味着通过特有标志在外部表现中显出自身的特征。”这一论述既抓住了风格的形式因素（外部表现），也重视其自身特征，认为风格的内容与形式是统一的。这一论述为理解风格的内涵、把握风格与创编心理美学之间的关系提供了有益的思考空间。

所以，从形式与内容相结合的角度考察风格，可以把团体操表演风格理解为：通过表演者的动作、队形与图案变化，以及多种艺术装饰的和谐配合，使表演者呈现出具有创造性的统一整体特征和独特风貌。

（二）风格的构成要素

1. 风格的内容因素

一部团体操的主题内容决定了它的规模与艺术形式，表达了团体操表演的社会意义和审美价值，因而也制约着团体操表演的整体审美风貌。所以，创编前必须要了解团体操表演的目的和要求，确定团体操的主题思想和风格特点。

团体操常用的主题内容是歌颂性的，如歌颂国家建设成就，包括体育成就、文化发展及美好的未来等；也可欢庆某一节目、某一有意义的活动等。但是，杰出的创编者总是从自己的主观心理特点与审美观点出发处理题材，使同样的题材在他们各自的眼中手中发生了变化，最终导致表演风格呈现出不同的特点。例如，1992 年第十四届在意大利举行的世界杯足球赛的开幕式与 1998 年第十六届在法国举行的世界杯足球赛的闭幕式上，各表演团体都以服装为主要表演内容。意大利人运用夸张的手法，在服装的色彩、式样等方面有颇具匠心的设计，从场面上使表演收到很好的审美效果。法国人虽然从世界各地请来了众多时装名模，采用的表演服装都是引导世界潮流的，但由于在服装的色彩、式样等方面无法呈现出适应大场面的表演效果，因而导致缺乏艺术感而带有商业性。

2. 风格的形式因素

团体操表演必须有鲜明的主题内容。但是，对表演动作、队形与图案以及各种艺术装饰手段等形式因素的安排与组合的不同最能体现创编者的匠心。通常在大型的团体操表演中要考虑能反映本民族、本地区特点的动作、队形、服装、道具和音乐等。而在小型表演中则应通过适合表演者不同年龄、性别特征的动作、队形、服装和音乐等来反映团体操的风格特点。例如在学校团体操表演中，大学男生通过刚健有力、大幅度的体操动作和有一定难度的造型及集体配合动作，则可形成朝气蓬勃的风格；大学女生通过柔和舒展、优美大方的舞蹈和集体配合动作，则可形成优美、欢快的风格。

艺术风格的内容与形式两个因素是不可分割的有机体，它们构成了辩证统一的相互关系。一方面，内容决定和制约着形式，在创编中对形式的选择和确定都应当以能否恰当地表现内容为原则。另一方面，形式又具有相对独立性，它不但直接影响内容的表达，而且形式具有自身的审美价值，具有独特的艺术魅力。对于团体操的整体创编来讲，主题内容与艺术形式实际上是不可分离的，它们共同构成了艺术风格。

（三）团体操的表演形态

团体操属于体育艺术性的集体表演项目，但与其他表演艺术的风格特征有着明显的区别。如团体操有别于只念不歌舞的话剧、诗剧，有别于只做不歌舞的哑剧，有别于只舞不唱的芭蕾舞剧，它的当众表演性自然更有别于影视剧、广播剧。团体操自产生以来，到成为一项人们所公认的体育艺术性的集体表演项目，虽然经历了很大的变化与发展，如吸收了歌舞表演艺术（出现了团体操的主题曲，吸收了许多不同种类的舞蹈素材）、文学艺术

（配有解说词或构思表演情节）、造型艺术（象征性队形图案造型、器械上的人和物的造型）等艺术形式。

但是，由于团体操以众多表演者的自身动作和集体的“换位”产生的队形与图案变化为基本表演要素，它有别于其他独立的艺术形态，而属于体育表演范畴。因而，从宏观上看，团体操的基本形态可以做如下描述：以动作、队形和图案为基本要素，通过表演者的集体配合，在广场、运动场等大场地上进行的表演。这一基本形态的确立，便成为团体操形成的主要标志。

队列的各种转法、队形变化和各种步法与各种动作结合起来，在集体配合下完成表演是团体操的固有表现形式。随着时代的发展及团体操审美功能的不断强化，这种基本形态得到不断丰富和加强。因而，从团体操发展趋向看，团体操的基本形态是“动”态的。例如，在动作素材的选择上，除了徒手体操、轻器械体操动作外，挖掘了技巧、武术、叠罗汉等民族体育的表演素材，吸收了现代舞与民族舞的舞蹈素材；在队形与图案的设计上，由原来简单的过渡变换队形发展到复杂的时空组合排列的图案设计；在主题的确定、题材的选择以及各种艺术装饰的采用等方面都借鉴与吸收了相关艺术门类的形式。因此，团体操表演实践的不断深入、多种艺术因素的融入与艺术装饰手段的综合运用，导致团体操的表演形态是多种多样的，它使团体操朝着体育与艺术结合的方向发展。

（四）团体操的风格特征

团体操的艺术性效应促进了团体操发展层次的不断提高，使团体操表演从多方面、多途径、多层次、多种形式入手来体现主题，反映不同的风格。但其总体的风格特征主要表现为以下几个方面。

1. 独特性

团体操属于体育艺术性的集体表演项目。但与其他表演艺术的风格特征有着明显的区别。团体操自产生以来，就成为一项公认的体育艺术性的集体表演项目，虽然现在团体操发生了很大的变化，如体育与艺术相结合，吸收了歌舞表演艺术、造型艺术、音乐、杂技等艺术形式。但是，由于团体操由大众参与，并以自身动作和集体的队形与图案变化为基本表演要素，它仍然有别于其他独立的艺术形态。队列的各种操舞动作、队形变化和各种跑动与各种造型图案结合起来，在集体配合下完成表演，是团体操固有的表现形式。

2. 多样性

团体操发展的初级阶段以徒手体操动作及轻器械为主要动作与道具，采用口哨代替音乐，服装则多用队服和校服，在表演艺术上比较注重动作的整齐划一和精神面貌。社会生活的变化与科学技术的发展，以及人们审美需求的多样化，推动了团体操多种表演风格的形成。团体操表演风格的多样性特征更多体现在运用不同的艺术形式进行艺术形象的创造上。

创编者不仅要从团体操特有的动作、队形与图案、服装、道具、音乐等表现方式和手段这一艺术语言层次进行创编，而且要对团体操的内在结构（主题与题材）的艺术形象层次进行构思与创作，使团体操表演形成了多样性的风格特征。例如，利用现代高科技的声、光、电的场景设计和舞美背景。不论是采用现场背景的合唱队演唱，还是请著名歌唱家现场配唱，都对表达与抒发团体操的主题思想、使表演体现某种人文精神，以及达到一定的艺术境界起到了很好的作用。

3. 民族性

团体操表演风格的另一个重要特征，就是它常常具有鲜明的民族特色。越是民族的东西就越具有长久的生命力。因此，必须挖掘并改造适合团体操表演的民族或民间艺术形式和内容，凸显团体操的民族风格特征。表演风格的民族性总是体现出民族的精神、性格和气质，体现出民族的文化、风俗和习惯，体现出民族的审美理想和美学传统。例如，同样选择舞蹈动作作为团体操表演素材，我国是多民族国家，有各种丰富的民族舞蹈素材，各具风格。此外，服装、道具、音乐、场景等都可最大限度地体现民族特色，表现出不同的民族风格。

第三节　团体操的价值与作用

一、团体操的价值

团体操是融音乐、舞蹈、体育、服饰于一体的综合性集体表演项目，它最显著的特点是表演性和艺术性，因此具有娱乐的价值，具有供观众观赏、审美的价值；除此之外，团体操还具有宣传教育性，因此能够起到一种很好的德育作用，有利于宣传爱国主义教育，有利于建设和谐社会，有利于个人身心的健康发展。

（一）团体操的审美价值

团体操是一件文化珍品，为人类的文明投入了进步的力量，它的特殊价值在于由展示民族文化而生的表演性、观赏性以及特殊的教育性。观看一场团体操表演如同品一杯醇浓而酷烈的美酒，可以感受到悠远而淳厚的历史文化，获得的不仅是感官上的享受，更是心灵和情感上的陶醉和升华。这种感受随着团体操表演水平的提高而愈加浓厚，成为人们精神生活中一种永恒的价值体验。此外，多种形式、丰富巧妙的人体美、运动美、精神美以及“艺术美”的启示和教育，大大提高了人的审美能力和艺术品位，改造人的审美观，为人们的审美理想和生活理想服务。同时增强人们对生活的热情，挖掘人类丰富的情感内涵。

作为一种人文文化活动，团体操凝聚了千百年来人类的智慧和表演天赋，充分展示人的创新、向上、自信、团结的优良品质，歌颂生活和人性的美好，赞美人类的各种精神，成为人们借以表达美好心愿的方式。与此同时，团体操是一项以人为基本素材的体育艺术活动，主要通过人的身体语汇来传情达意。这使得表演者和观赏者都从团体操表演中得到了一种生命的真实感，体验生活的优越、感受生活的奇妙。

1. 审美教育的价值

审美教育的目的就是促进社会成员在智力上、政治上、道德上和体格上全面发展，使人们能分辨美与丑、善与恶、真与假、强与弱等。团体操在这一方面具有较强的功能，因为人们可通过对团体操中鲜明生动形象的艺术欣赏及亲身感受，自然地在愉悦中接受审美教育。

例如，1997 年的《欢庆香港回归》大型演出借用团体操形式，利用现代的声、光技术及立体雕塑的手法，构思出“火篇——血火百年祭、水篇——归帆踏浪来、土篇——真情满中华”三场诗意般的创意团体操。通过宏大的广场气势，反映出祖国的百年沧桑、如今的巨变以及我国政府对香港恢复行使主权的神圣尊严和对未来的信心。看过演出的观众无不激动万分，认为这是一次最为振奋人心的爱国主义教育。

这说明了团体操在政治形势、愿望、友谊、民族团结、信念、爱国等方面能起到审美教育作用，同时也证明团体操能多角度、多形式、灵活多样地对人们进行概括性、艺术性和指导性的审美教育。由于团体操的表演内容丰富，能满足各层次人物和各种个性特征人物的审美欣赏需求，因此审美教育的面很广。

另外，团体操的审美教育价值赋予团体操培养和提高人们审美能力的价值。审美能力是人发现、感受、评价和欣赏美的能力。大型团体操的审美对象、审美主体和欣赏者是成千上万的观众，而每个人的审美意识、审美经验、审美修养、审美感官和心理生理结构以及思维和想象能力都不尽相同。团体操活动为提高人的审美能力创造了许多有利的条件和机会，它提供人们审美活动的具体内容，把人们的审美理想和生活理想结合起来，形成艺术的具体表演内容。

团体操因为有声有色，有具体的场景气氛，有造型优美的动作形象，有寓意深刻的象征性图案，所以能给欣赏者以较强的艺术感染及刺激，能提高人们审美直觉的敏锐性，促进人们审美经验的积累，从而提高审美能力。而审美能力的提高反过来又可以促进人们对审美理想的追求，激励人们为实现美好生活理想而奋斗。

2. 形式美的价值

形式美是指事物的外在表现形式给人的审美感受。团体操凸显主题的表现形式，是通过表演动作、队形与图案、服装道具，以及对声、光、景、物、人的全方位设计和高科技手段的充分利用等形式美法则的运用，形成了丰富多彩的表演形式及场景，使人们观其形象、得其想象、动其情感。形式美只有在表现内容美时，才能显示自己的积极性与能动性。换句话说，也只有通过美的形式充分地、完满地表现了美的内容时，美的内容才会显示出巨大的吸引力。

3. 体育美的价值

体育美的本质是体育运动中所呈现出来的美的内部联系。体育运动是以人为主体的运动，是人类所特有的运动，它反映了客观存在的各种运动形式的综合。当体育美表现为自然本质时，从认识过程来看，它是以人的自身以及身体素质、动作技术、造型阵式等为手段，通过人的第一信号系统，包括感觉、知觉、表象等的作用，唤起人们对体育运动的美感。当体育美表现为社会本质时，它是以体育运动和从事各项具体运动的集体和个人的仪表、行为、作风和精神风貌等为手段，通过人的第一和第二信号系统的作用，唤起人们对体育运动的美感。

体育美的本质与其他事物美的显著不同之处，在于它不仅是抽象的概括，而且有其具体的可感形式。例如，篮球运动中优美的投篮动作，排球运动中默契的战术配合，足球运动中高超的射门技术，技巧运动中精湛的造型艺术，各项运动比赛时运动员们所表现出来的奋力拼搏的精神以及在赛场上那种龙腾虎跃的姿态，以及结实健美的肌肉、匀称而健美的形体等都有着具体的可感形式，具有明显的欣赏性和娱乐性，从而使直接参与者和观赏者都可以得到美的熏陶。

在体育运动中还可以使人体的自然美得到充分的发展，使其日臻优美完善。比如，英姿飒爽的田径运动员，勇猛刚毅的足球运动员，挥手起惊雷的排球运动员，力拔山兮气盖世的举重运动员，鹰击长空的跳水运动员，将舞蹈与艺术融为一体的体操运动员以及鹤发童颜的老武术家，他们那种融力、健、美于一体的优美形象，能给人以美的享受。体育中的美感，不仅是人的意识的单方面的产物，它是以体育美的客观存在为基础，是具有一定的审美需要、审美能力和审美理想的主体进行自我观照而达到的一种情感的契合。

团体操的表演也是以塑造人体美、运动美、精神美为主要内容的。它具有体育美的功能，把人的内在美与外在美和谐统一地表现出来，从而给人们留下最深刻的美的印象，激发人们对体育锻炼积极的审美情趣，从而产生一种合乎目的性及美的规律性的审美体验愿望。许多参加团体操训练的表演者对健康的追求有了明确的目的和正确的方法，真正体验到生活美的具体含义，从中陶冶了情操，激起了敢于“表现自我”的勇气，对生活充满信心，对未来充满希望，积极向上，身心健康。这说明在团体操活动中能体现出体育美的价值作用。

4. 艺术美的价值

艺术美是团体操的重要标志。团体操表演需要营造浓郁的艺术氛围，以增强艺术感染力。音乐、背景、服装、灯光及色彩等艺术装饰手段，以及现代高科技演艺设备和技术，使团体操不仅具有独特鲜明的体育特色，还具有绚丽多彩的艺术魅力。艺术装饰手段虽然有其本身固有的艺术形式，但它们均可构成团体操的艺术表演体系，都可用来完成反映团体操表现内容的艺术形象设计，形成团体操独特的艺术美。引入舞美手段和艺术装饰的综合运用，使团体操艺术美的标志更为显著。

团体操美的内容是团体操的艺术价值所在，只有这些美的要素互相渗透、互相补充、互相融合，达到美的要素的有机统一，才能使人们感受到一种由集体创造产生的磅礴气势，从整体上感受到一种体育精神和艺术美。

5. 内容美的价值

团体操的内容美是构成团体操美的首要因素。一部团体操的主题内容决定了它的规模与表现形式，表达了团体操表演的社会意义和审美价值，同时决定了团体操表演的整体审美风貌。因而团体操需要确定鲜明的主题，选择一定的素材作为表现美的内容。社会发展、人类进步的典型，人物事迹中美的典型，民族文化与美的传说的典型等，都可成为内容美的素材。如人们常以松树、梅花、荷花的品格来比喻和赞颂人的品德的高尚美，以和平、友谊、团结、进步为内容来表现人的愿望美，以科学幻想的作品来表现人的志向美，以柔美抒情的动作表现少女的个性特征美，以民族风采和文化、民间传说为内容来表现民族大团结的社会制度美，这些都是团体操的内容美所要选择的主要题材。

（二）团体操的德育价值

团体操是一项体育与多种艺术高度结合，通过编导独具匠心的执导，将体育、音乐、舞蹈、美术、服饰等融为一体，由成千上万的演员在大型体育场上表演的艺术形式，具有舞台低、场面大的特点，反映一定主题思想的集体综合性表演项目。团体操的规模为小到几十个人表演的集体体操，大到在世界处于先进水平的各种体育盛会上的万人开幕式表演，参演者多为学生，覆盖面广，影响力大，形式灵活多样，其表现出的德育功效及魅力也是显而易见的。

1. 开展爱国主义教育

团体操气势恢宏的壮观场面、极具时代感和民族特色的表演主题，能生动地展示祖国的物质文明和精神文明建设风貌，震撼人心。尤其是在国际体育盛会的开幕式上表演更能突显国力，弘扬民族精神，讴歌主旋律。例如在北京 2008 年夏季奥运会上，借用团体操向世界展示华夏民族几千年的悠久历史和灿烂文明，通过团体操这一独特的体育艺术形式，让世界了解中国，让中国走向世界，激发参演者的民族自豪感和爱国热情，树立为祖国贡献自己的力量、为国增光的崇高理想。

2. 体现集体主义精神

要成功地演练好一场团体操，从各级各部门领导到编导、教练员、所有参演人员，都必须对完成任务、崇尚荣誉达成共识，增强集体成员的主人翁意识、集体荣誉感，并且有强烈的维护集体荣誉和集体形象的意愿和作为。全国第五届农运会团体操表演就是一个典范，广大师生的心由于共同的目标和群体意识而凝聚在一起，无形中大家都能够恪尽职守、互相关心，体现出高度的集体主义精神。

另外，团体操的表演人数多、节奏明朗、衔接紧凑，几千个演员要按音乐节拍完成每一个动作、造型和队形图案的变化，不能有“超前落后”的举动。“一个萝卜一个坑”，无论是谁迟到、早退、缺席都会影响训练进度，准点出勤是对每个队员的最起码要求。合练时若不能准时到场，将影响整个合练计划的完成，这就要求每一个人都必须有高度的组织纪律性。要达到这一点，必须在训练中严格执行考勤制度，狠抓准点出勤这个环节，强化队员的时间观念和整体观念，从而提高队员的组织纪律性和高度自觉性。

3. 促进和谐社会的建设

团体操参演人员多，组织训练、队伍调动难度大，所有参演人员必须严格遵守纪律，听从指挥，步调一致，才能取得好的训练效果，完成训练任务。这对提高学生的自我约束力、使其自觉遵守纪律起到了重要作用。在排练过程中会遇到很多问题，如练习中产生的同学间的矛盾冲突，道具的使用、保管与维修，场地的整理、各种器材的布置与收缴等。在解决这些问题的同时，可培养学生团结互助、宽以待人、文明礼貌、热爱劳动、爱护公物的文明行为习惯。

追求美是时代赋予教育的内容，是学生的心理需求。团体操集精神美、形体美、动作美、造型美、音乐美、队形图案美、服饰道具美、灯光效果美于一体，使学生在运动的同时产生各种心理效应，从而得到精神的净化、情操的陶冶、心灵的愉悦和情感的升华，提高审美能力。而审美能力的提高反过来又促进学生追求审美理想，激励学生在欣赏美、感受美的同时勇于创造美，不断为实现美的生活而奋斗，从而为构建和谐社会做出贡献。

二、团体操的作用

（一）宣传学校体育精神

团体操表演具有窗口作用，它是展示学校风采、提高学校地位和影响力的舞台，是学校管理水平和体育、文化、艺术水平的集中体现，是展示当代学生强健的体魄和蓬勃向上、富有朝气、自尊自信自强的精神风貌和良好校风的重要平台。学校一旦承担了团体操的表演任务，即高度重视，领导亲自挂帅，层层开会，层层动员，层层布置，一部以团体操为中心的机器就紧锣密鼓地正式运转了。全校过半师生直接参与其中，其他师生也是积极的响应者和协助者，全校人人讲体育，个个参与体育。

通过团体操训练及其表演越来越深入人心，体育越来越受全校师生和社会的重视，强化了体育在学校中的地位，使体育在学校“德、智、体、美”全面教育中回到了应有的地位，对于一些片面追求升学率而淡化了体育教育的现象是一种有力的纠正。

（二）培养学生的良好品质、精神及心态

1. 培养坚强意志

意志是人自觉地支配、调节自己的行为，为了克服困难、实现预定目标的心理过程。意志不仅通过人的行为表现出来，而且对人的行为具有调节和控制作用，是人的行为的一种心理力量。因此，意志又被称为意志力，也就是人们所说的“精神力量”“斗志”“勇

气”“气势”等。良好的意志品质是人格中一个重要的组成部分，它包括意志的自觉性、顽强性和自制性。意志品质的培养应贯穿于整个体育教育过程之中，而团体操是其中有效、有特色的一种培养途径和方法。

在团体操训练中，学生首先要磨炼的就是不怕苦、不怕累、不怕困难的意志品质，这是由团体操自身的特点所决定的。团体操的内容主要包括动作和队形两大部分。总之，其难度不大，大多数是简单易做的动作，但其人数多（少则几十、几百，多则几千），场地大（接近一个足球场），动作、队形要求高度准确、整齐划一，因此，需要较长时间的反复训练。长时间的反复训练要求练习者在生理和心理上承受一定的负荷刺激，学生开始会产生一种“枯燥”“苦”“累”的感觉；经过一段时间后，学生在训练中经受了磨炼，不断调整和控制自己的情绪和行为，忍受了身体的疲劳和疼痛，意志得到升华，学生的思想觉悟有了提高，行动就变得自觉、积极了。

此后，在训练中有时为了赶任务，训练拖晚了，时间更长了，同学们也毫无怨言，有时还冒着烈日酷暑，一把汗，一身泥；有时为了特定动作的需要，膝盖磨破了，肩背被踩肿了，同学们都能较好地坚持下来，表现出较强的意志力。

2. 培养团队协作精神

在团体操训练中，对学生团结协作精神和团队意识的培养也是十分重要的，这也是由团体操自身的特点所决定的。

顾名思义，团体操不是一个人的操，也不是几个人的操，而是一个大群体的操，是成百上千人的操，而且是一个动作高度统一、整齐、协调、流畅、健美的操。一个整齐的动作，一个美丽的造型，要求千百只手、千百个身躯在特定的时间同时定格在特定的空间位置；一面迎风招展的“红旗”，一幅麦浪滚滚的动人画面，要求千百个表演者按严格的时差顺序做着统一而连贯的动作。一环扣一环，一拍接一拍，不得有丝毫的延误，哪怕是一个人小小的动作失误，都会有损于画面的美感和动作的和谐。因此，团体操要求每一个表演者都必须有高度的整体观念和团队意识，把个人融于大集体之中，关心他人，关心集体，把个人动作与团队动作紧紧相连，做到步调一致、整齐划一。

3. 提高素质、强健体魄

团体操是一项强身健体的体育活动。徒手体操、健美操、艺术体操、舞蹈、武术等动作都可以作为创编的素材。参加团体操训练对提高人的协调性和敏捷性有特别明显的效果。团体操是讲究艺术性的文体运动项目，从事团体操练习还可以增强韵律感、节奏感，提高音乐素养，同时培养认识美、鉴赏美、表现美甚至创造美的能力。总而言之，团体操练习带给表演者的是身体素质和文化艺术素养的全面提高。团体操动作多是全身运动、内容丰富的动作练习，会产生中小强度的运动量，因而能改善身体系统的功能，提高身体素质，增强体质。

4. 塑造形体、培养气质

美是团体操最明显的特点，其动作方法及表现形式均与“美”有关。坚持练习，经常保持正确的身体姿态和动作方式，消耗多余的脂肪，能有效地使练习者形成健美、匀称的形体、自然和谐的举止及端庄优雅的仪态。练习者平时注意保持良好的体态，久而久之，就会养成习惯。一个人不仅要注意形体美，还要讲究气质美，从长远来说，气质更为重要。有魅力的青春不可复得，而高贵的气质却不会因时光的流逝而消退。团体操在塑造美的形体的同时，还可以培养良好的气质，提高审美意识和审美水平。锻炼能使人获得典雅庄重的气质、潇洒飘逸的神态和活泼开朗的性格。

5. 愉悦身心、陶冶情操

团体操是融体操、音乐、舞蹈等为一体的运动项目，它不仅能给人们带来健康，还能给人们带来快乐。观赏团体操表演是一种美的享受，亲身参加团体操排练与表演更吸引人。当你随着强劲、欢快的音乐进行动作奔放、充满活力的健身操练习，挥洒自如地舞旗弄棒时；当你随着优美抒情的音乐做着轻盈、优美、流畅的身体动作，迈着轻松、活泼、欢快的步伐，舞动柔软轻飘的纱巾时……这一切都是那么美，那么令人陶醉，不仅可以消除紧张、郁闷的情绪，还可以使人的身心得到全面、协调、健康的发展，并从中获得美的享受。

同时，大家在一起锻炼，还有助于增进友谊、增强团队意识，使人际关系融洽，使我们的生活气氛更加愉悦。团体操是一项观赏性很强的体育艺术性项目，可作为校园文体表演活动中的一项内容，它一定会给学生带来青春的喜悦和激情，鼓舞和激励他们更加热爱生活，努力学习，朝气蓬勃，不断进取。

6. 培养不怕挫折的良好心态

不怕失败和挫折是坚强意志品质的重要内容，它贯穿于团体操训练的始终，形成于训练的千锤百炼之中，它体现在微小动作的极致过程中，盈溢在画面的完美之上。每个动作、每个队形的完成，都经历了由不会到会、由会到好、由粗枝大叶到尽善尽美的过程。严格地讲，在达到完善动作之前的动作，都是有缺陷的动作，甚至是失败的动作。

因此，在团体操表演中，每个动作、每个队形变化的完成，都凝结着表演者的辛苦努力和汗水，以及遭受无数次失败和挫折时的情绪体验。并在从失败挫折到成功、再到失败挫折、最后获得胜利的奋斗过程中，感到无比快乐与自豪。

在取得团体操表演的成功后，不少同学深刻地体会到胜利与失败是联系在一起的，成功与挫折是一对孪生兄弟。失败与挫折并不可怕，关键是对待失败和挫折的态度，可以说，只有那些不畏困难、不怕失败、勇于进取的人，才能到达成功的彼岸。

第四节 团体操的开发目标与体育精神

一、团体操的开发目标

目标是人们行动的蓝图和出发点，它对人们的活动有指向作用，因此，在开发高校团体操时，确定团体操的开发目标是高校团体操开发工作的重要内容之一，因为目标定位的准确与否直接影响着团体操的开发效果。从总体上来说，高校团体操开发目标的建构应该从教师、学生、学校三个方面来阐述。

（一）教师层面

1. 提高教师的专业能力

无论是否进行团体操课程开发，高校体育教师作为履行教育教学职责的专业人员，都在以教师职业所特有的方式，过着一种自觉不自觉的职业生活。然而在现实中，由于受教育发展条件、专业工作特性、学校运行机制和个体生存状态等因素的制约，多数体育教师还只是把教师这一职业作为一种谋生手段，守常规，尽本分，依靠经验做事情，外在激励与约束多于自主改进与创新，以至于“规范的生活”“狭隘的生活”“重复的生活”成为长期以来教师的基本生存状况。同时，随着高校教育改革的深入推进，工作任务重、社会责任大、业务素质提升慢等问题，又必然使体育教师的身心压力不断加大。因此，高校必须改变教师特别是体育教师的这一生存状态，使体育教师以更加积极的心态去面对教育教学。高校的体育教师通过参与团体操课程开发，促使自身加深对团体操教育教学的认识，提高教育教学的质量，从而实现自身专业能力的提高。

2. 提升教师的科研水平

就知识角度而言，教师的知识一般可以分为三大类：本体性知识、条件性知识、实践性知识。而实践性知识的获得是教师专业发展的重要标准。因为对一个受过高等教育的教师来说，本体性知识与条件性知识并不太缺乏，其发展主要是指获得更多的实践性知识。实践性知识是指教师在实际的教育教学工作中所获得的关于客观现实的背景知识。这类知识更多来自教师的教育实践，具有明显的经验性成分，是教师经验的累积。换言之，实践性知识只能在教师的具体实践中获得。实践性知识的获得主要通过教师对自身教育教学实践的反思，而反思正是校本课程开发所特别强调的，这样校本课程开发就为教师实践性知识的获得提供了一个平台。因此，学校应组织教师参与团体操课程开发，以提高教师的科研水平，最终促进教师的专业发展。

（二）学生层面

1. 培养学生的体育精神

以往学生只是一名学习者，只是把学习当成自己的任务，因而对培养学生的自主性、积极性都是不利的。特别是对高校体育学院的学生来讲，体育精神是他们自身发展的一个重要动力，没有体育精神的运动者很难说能够获得多大的成就。然而，在高校中，体育活动基本是体育学院学生学习的主要内容，这造成了学生学习的被动性和盲目性，不利于培养他们的体育能力和体育精神，从而影响他们将来在各自岗位上的发展。因此，通过参与团体操课程开发，高校学生明确了作为一个体育运动者应该具备的素质和能力，也能够深刻认识到责任心、奉献精神、共同参与等体育精神的重要性。

2. 提高学生的审美能力

审美能力是人发现、感受、评价和欣赏美的能力。每个人的审美意识、审美经验、审美修养、审美感官和心理生理结构以及思维和想象能力都不尽相同。而团体操活动为提高人的审美能力创造了许多有利的条件和机会，它提供给人们审美活动的具体内容，把人们的审美理想和生活理想结合了起来，形成艺术的具体表演内容。在高校中，学校组织学生参与团体操的开发，促使学生自己去发现美、挖掘美、创造美，使学生在实践中潜移默化地受到审美教育，能够独立地、积极地通过自身对外界自然、社会以及人们进行观察与了解，从而提高学生的观察能力、审美能力。

3. 增强学生的创新意识

团体操训练不仅能够锻炼身体、增强体质，还能让学生在优美的舞姿和轻松的旋律中抒发内心情感、愉悦身心，增进人际交流，培养学生积极的生活态度，获得心理和生理的平衡，培养健康心理。团体操包括动作造型、队形图案、音乐、道具、服装、背景、灯光等要素，学生在学习和了解各个要素的过程中潜移默化地培养了艺术鉴赏力，提高了艺术修养。特别是在将各个要素相结合的实践过程中能激发其创新精神，培养创新意识和创新能力。更为重要的是，让学生自己参与团体操课程开发，让学生自编自练，更加了解团体操开发的一系列技术与要求，促使学生发挥主观能动性和积极参与性，使学生以主人翁的身份参与其中，并发挥各种想象力来开发课程，从而增强学生的创新意识。

（三）学校层面

1. 优化师生关系

在高校团体操的开发过程中，积极鼓励学生参与其中，把学生看成具有巨大潜能的人，把学生看成有个性差异的人。面向全体学生，能够最大限度地激发学生的自主性、主动性和创造性，使他们能够在激烈的竞争中自我选择、自我完善、自我发展、不断创新。另外，教师在体育课堂或其他活动课上创造了良好的教学环境，使学生有了愉悦的心理，能够积极地反馈教师输出的信号，因而能够更主动、更积极地参与课堂活动，有助于更好地发展学生的能力，引导学生全面发展、自主发展。另外，通过使学生参与团体操的课程开发，真正使教师成为学生学习的帮助者、引导者和促进者，做到师生之间相互尊重，教学相长，以情激情，情感共鸣，使学生在开发团体操的过程中发展自主学习的能力，培养创新体育的精神和能力。

2. 展示学校的风采

团体操是展示学校地位和影响力的舞台，高校开发团体操的重要目的之一是展示学校的特色与地位，从而提高学校的知名度。随着现代体育事业的蓬勃发展，团体操表演已成为一种人类文化财富。现在高校基本上每年都要举行体育盛会。在隆重的运动会开幕式上，为了营造一种热烈气氛，并对学校乃至地方教育事业所取得的辉煌成果进行充分的展示，往往会安排由数千名学生表演的大型团体操。承担团体操表演任务的学校通过团体操的排练及表演，可充分反映和提高学校的管理水平和体育、文化、艺术水平。团体操表演的成功不仅是运动会成功举办的一半，而且对学校教育质量的提高和学校体育任务的完成有着积极的促进作用。开发高校团体操课程，对促进团体操表演水平的提高以及学校体育教育质量的提高都有十分重要的意义。因此，对学校来说，开发高校团体操课程是促进学校体育教学任务完成的一个重要手段。

二、团体操与体育精神

（一）高校体育精神

体育精神是体育活动的最高级产物，属于体育文化意识形态范畴。体育精神通过体育运动而形成了汇集人类力量、智慧和拼搏进取心理的积极意识的总和。体育精神的影响力早已超越体育领域而成为人类精神和道德文明建设中最高层次的组成部分，影响着人类个人层面、社会层面和国家层面。

体育精神是高校校园文化的重要组成部分，也是当代大学生的重要素质之一。所谓体育精神，是在一定历史阶段中，在校园体育文化建设中积淀、整合、提炼出来的反映校园体育文化的行为准则，也是价值观念和意识的总和。因此，高校体育精神建设是高校体育文化的核心。

高校校园体育重在培养学生的兴趣和良好的体育道德精神。当代大学生对体育精神文化的需求日趋强烈，然而受中国几千年来传统观念的影响，目前在中国高校中，人们对体育精神的认识还有一定的偏差。大多数学生认为会活动就可以了，至于体育意识观念，如非专业所需大可不必强化。所以就导致了人们往往看不到体育的潜在力量，更谈不上用体育精神去激励人的意志、鼓舞人的斗志。因此，高校应将体育精神和体育素质的培养相结合，让学生在进行体育锻炼的同时培养良好的体育道德精神。

学校体育教学在体育精神的文化传承中具有不可替代的重要作用。广大青少年通过各级各类学校的系统体育教育领会到体育精神的实质和内涵，认识到学校体育的载体功能，最终辐射到整个社会，促进整个社会形成良好风尚。在学校教育中，体育教育的功能和价值不可取代。发挥体育的育人功能，包括促进学生的个性化发展，最终促进学生身心的全面发展。要让广大青年学生深刻领悟体育精神所蕴含的人文和社会价值，为其将来在社会中全面施展自己的才华、更好地奉献社会打下良好的心理基础和生理基础，对社会主义核心价值观的培养有十分重要的作用。

体育精神作为一种教育文化，进入高校校园主要取决于现实的需求和体育精神自身的功能。所谓教育文化，就是将学术意识和人文精神融入文化当中，经过长期的沉淀形成一种文化认同。在大学生体质健康水平下降、健康意识相对淡薄时，体育精神的功能逐步凸显，其作用和地位日益突出，开始释放出巨大的潜能。大学教育文化亟须体育精神，这是时代进步与现实发展提出的要求。重视健康观念、培育体育精神、提升体育精神在高校校园文化建设中的地位具有现实意义。

当前，考证在高校一直备受推崇，学生热衷于参加各类证书的考试以证明自己的学识水平，学校的培养计划也紧密围绕未来职业需要的具体技能而设置课程，即所谓“要什么就传授什么”。固然，这种模式在短时间内能大批量培养出“速成品”，然而却与大学教育的初衷渐行渐远。大学教育旨在把大学生培养成全面发展的人，而不是为了培养出模式化的人。功利化的教育使大学成为培养适应社会职业所需人才的“工厂”。但单一化的培养模式、重知识轻素质的教育理念不利于培养真正适应时代发展的人才。“人的素质又是一种可以长期发挥作用的个人品质”，虽然文凭、证书是知识水平的象征，但是人们习得的知识和技术往往会因时间而消退，这在知识更新速度日益加快的当今社会尤为明显。大学获得的知识并不能赶上信息时代的高速列车，而素质与人的求知能力及掌握技术的本领却可以长期发挥作用。只有当大学生具备了思维能力，才能更好地适应未来日新月异的世界。大学的真正目的不是培养机器，而是培养一种素质，体育素质是构成人的素质的基本层面之一。加强体育精神的培养不仅有利于提升大学生的身体素质、营造良好的校园文化氛围，而且对于转变大学教育的培养模式具有积极作用。

（二）高校弘扬体育精神的途径

1. 营造体育文化学习氛围

体育精神作为一种文化，具备潜移默化、润物无声的渗透功能，在生活的方方面面都能对大学生产生影响。良好的氛围有利于激发大学生主动锻炼的自觉意识和兴趣，进而在体育锻炼中达到情感、精神升华的文化教育效果。当前，全国各高校开展的阳光体育运动，倡导“我运动、我健康、我快乐”的理念，深得大学生的喜爱和认同，为体育文化精神的培养提供了契机，为校园营造了浓厚的文化氛围，取得了积极成效；尤其是培养良好的锻炼习惯和健康的生活方式，在校园内形成了崇尚锻炼、追求健康的风气，极大地丰富和活跃了校园文化生活。

2. 组织体育实践活动

体育精神普遍存在于各项体育活动当中，其表现形式具有高度的概括性，往往较为抽象，难以把握。部分大学生在轰轰烈烈、声势浩大的活动之余并没有领会到活动的深层价值，虽知晓体育精神蕴含于活动当中，却很少深掘体育精神的具体内涵，因此真正提升体育精神无从谈起。因此，不断细化体育精神的内涵并结合具体体育活动的特点，才能为大学生体育精神的培养提供切实可行的途径。

团体操是一项体育与艺术相结合的表演项目，为大学生创造了具有多样性、多元性、启发性的体育文化形态和体育精神载体。体育艺术项目自身的美与魅力，可以有效地实现润物无声的体育技能教育、艺术教育与体育文化教育。

（三）团体操对高校体育精神建设的作用

高校体育精神占据高校校园体育文化的主导地位，是高校体育文化的核心所在。其中体育观是体育精神文化层的本质和核心，它决定了高校校园体育文化的发展目标。

1. 发挥文化育人的作用

高校团体操表演是一个有组织、有行为的整体，而任何组织、行为均以达到一定的目标为准则，所以高校体育竞赛也应当确立自己的目标。目标是指激发人们行为的、预期要求达到的目的或结果。同理，团体操表演的发展目标就是高校体育文化的发展方向和奋斗目标，是高校体育经营思想的具体化。目标既是发展和改革的依据和出发点，又是发展和改革所要达到的预期终点。

在高校中，不少体育教师以及一些校领导都意识到了团体操对于高校的重要作用，除了能宣传学校、为校争光外，高校也看到了推广团体操活动的教育功能，不仅可以提高学生的身体素质，加深学生对美的理解，同时也丰富了学生的校园文化生活，培养了他们以后走上工作岗位务必要有的意识——团队意识等。所以要在校园内创造一种阳光、积极向上、拼搏进取的文化氛围，去感染、熏陶师生，使师生在不知不觉中接受教育，并内化成信念、觉悟、习惯，从而带上特定校园文化的烙印。同时可以避免单纯教育引起的逆反心理，收到更好的效果。

2. 促进大学生形成正确的体育观

体育观的内涵是个人或社会对体育存在的意义和价值的认识或看法，这种意义、价值观决定着体育文化的发展方向。

团体操这一活动虽不像竞技体育那么富有竞争性，但在运动场上，在体育规则的制约下，几十乃至几百几千人完成的表演要想取得成功并不是一件轻而易举的事情，需要每个人的艰辛付出，更需要人与人之间的默契配合，才能赢得人们的认可和赞美。团体操表演把人生中经常遇到的成功、失败、挫折、欢乐、惊喜和痛苦等情感融注于短短的瞬间，使当代大学生一次又一次经受困难的考验、心理的冲击，体验着成功的欢乐和失败的痛苦。朝气蓬勃的青年学生是一个不满足于现实、追求发展、不断创新的特殊群体，其进取的行动体现在他们对知识的渴求上、对学问的掌握上，体育运动正是培养他们进取精神的催化剂。而积极向上的进取精神正是社会发展的动力和事业成功的必备素质。

3. 弘扬体育精神

校园体育精神是指在一定历史阶段中，在校园体育文化建设中积淀、整合、提炼出来的反映校园体育文化的行为准则、价值观念和意识的总和，是校园人的体育精神生活方式和意识形态的反映。作为一种深层次的精神文化，校园体育精神一旦形成，就能对学校成员产生不可抗拒的影响，并且有持久的继承性。不论学校成员是相对固定的还是流动的，只要置身于这种精神氛围之中，其内心就能感受到一种激励、升华，从而在有意或无意中被熏染并最终塑造出这种精神品质，进而收到更深层次的教育效果。各高校从创立之初起就不断吸纳社会体育精神文化的丰富营养，并将之进行归整，成为自身体育精神的重要组成部分，并将其作为一个相对稳定的成分予以保留，在漫长的发展过程中经过数代人的不断调整、升华，成为高校文化的精髓。20 世纪 50 年代清华大学倡导的“为祖国健康地工作 50 年”的校园体育精神，就曾激励了一代又一代清华学子发奋成才，这种精神不但在现在，而且在将来还会以其不可抗拒的影响力激励一代又一代的清华学子发奋图强。如今，在许多高等院校当中，学校更多的是通过举办团体操表演这一形式来充分展示该校的体育精神，各种校训、口号、励志言语都会通过各种各样的表现形式展现给大家。因此，在校园团体操编排中，应大力弘扬高尚的体育精神：爱国主义精神，集体主义精神，拼搏进取精神，竞争开拓精神。在体育比赛中要以公开竞争、公平竞争、求真务实、遵守规则、尊重对手的体育道德精神来教育和感化学生，培养他们高尚的体育精神。作为全校师生共同创造和普遍认同的价值观念的载体，团体操表演具有无形的凝聚力和感召力，在其激励下，具有共同理想追求、价值观念及道德情操的校园人，彼此间会产生强烈的认同感。

4. 增强大学生的体育意识

体育意识是大学生对体育的认识和理解，主要包括对体育运动的意义和作用的理解，以及具有参与运动的欲望和要求。早在 1917 年，毛泽东就指出“欲图体育之有效，非动其主观，促其对于体育之自觉不可”，足见体育意识对体育实践的重要意义。对大学生体育参与意识的培养更多地应从高校体育教学中入手。

长期以来，我国高校的体育教学大多注重增强学生的体质，强调传授体育的基本知识和基本技能，忽视了对学生体育意识的培养。而团体操的出现弥补了传统体育教学模式的缺陷，在进行团体操教学过程中，对学生的生理、心理及认知水平都有同步提高，重视学生身体素质和心理素质所提出的特殊要求，在一定程度上促进了学校体育效能的发挥。那是因为，一方面，在团体操教学中增强了对学生的体育意识和健康意识教育，培养学生自觉参与体育锻炼的兴趣和习惯，使学生在潜移默化的教育过程中受到良好的体育思想教育，成为身心俱健的高层次人才；另一方面，团体操把许多体育项目综合起来，把当前体育教育与终身体育教育有机地联系起来，使学生树立终身体育的意识。

随着高校素质教育的不断推进、文化知识的不断积累和丰富，大学生摆脱了对体育现象的直观思维方式，逐渐形成了自己的理性思维和判断。在这一阶段学校可以考虑把团体操课程引入学生的理论课程当中，加强团体操理论知识的传授，对转变学生的思想、培养他们的体育意识能收到事半功倍的效果。因为如果学生可以掌握这些知识，就可以丰富学生的业余文化生活，学校可以定期举办中小型团体操创编比赛，学生可以以宿舍、班级或者专业为单位，自行组织编排参赛，将大学的文化生活通过文体的形式表现出来。这样做一方面，可以增强身体素质；另一方面，学生在校的心理情感可以得到排解和释放，同时推进了校园体育文化的建设。为做好这一工作，教育工作者应从各种规律等知识入手，结合普通高校体育教育的特点，选择适合大学生文化生活需要的团体操知识和教学内容，依据团体操课程教材内容安排教学时数，做到理论联系实际、理论指导实践，从而在教学中从根本上实现“要我学”向“我要学”的转变。

第二章　高校团体操的基本元素

团体操因其日益增加的各种艺术装饰，逐渐成为一种具有审美价值的表演艺术，这既是创编者迎合时代发展的主体诉求，也是团体操自身发展规律的表现。校园团体操的表演形式多样、内容丰富、风格各异，凸显着“新、奇、美”，它属于团体操的范畴，基本元素仍离不开团体操这个“根”。本章围绕着“动作与变换、队形与图案、音乐与播音、艺术装饰”等内容展开论述，来叙述高校团体操的基本元素，以期为更为深入的高校团体操研究提供坚实的理论知识基础。

第一节　动作与变化

一、团体操的基本步伐

团体操的主要元素之一是动作和队形变化，两者相互依赖、相辅相成，在创编时很多主要场面的动作、队形要同时考虑。动作是通过表演者完成各种类型的肢体展示或造型，以达到表现主题思想和内容的目的。动作与队形变换主要是在单个动作（如徒手动作、持道具动作、舞蹈动作、武术动作等）的基础上，成员间相互配合而形成的特殊的集体配合（如波浪、叠罗汉等）；在选用时要求针对性强、简单易学、利于集体的配合。

（一）走步和跑步

齐步走、正步走、小碎步走、快步跑、交叉腿跑、碎步跑等是团体操的基本步伐。特点是易于掌握和整齐，通常运用在表演时的进场、退场和队形变换中。直线的、带角的队形宜采用齐步走、正步走、快跑和有节奏地跑等动作。

（二）健美操基本步

包括后踢腿跳、开合跳、弓步跳、弹踢腿跳、吸腿跳等。这些步伐欢快有弹性，能体现出表演者和动作的活力，适宜与健美操手臂动作组合，形成操化表演动作。

（三）舞蹈基本步

主要有华尔兹、柔软步、足尖步、波尔卡、弹簧步、变换步等。这些步伐既有柔美高雅的感觉又有热情奔放的特点，用于配合相应舞蹈风格的手臂动作。弧形线入场宜采用舞蹈步、足尖步等。不同形式的舞蹈步伐结合集体配合的波浪动作、依次动作和造型动作，能创造出“拱浪、潮水浪、蛇形浪、摆龙、平转、扇面”等具有大效果、大气魄的造型。可以使表演动作产生新颖、巧妙、变化无穷的连接，使表演收到动静、快慢、高低等动态美与静态美有机结合的视觉效果。

二、团体操的常用动作

常用动作一般有体操类、武术类、舞蹈类、模仿类、民间文艺类动作。体操类和舞蹈类动作又分为徒手动作和持轻器械动作。徒手动作主要指通过身体各部位的不同运动或相互配合所构成的动作形式，它是团体操表演的主要素材，也是持各种道具的基础。轻器械动作是徒手体操与舞蹈姿势相结合的手持小道具，如彩球、花条、火炬、扇子、小旗等进行表演的动作形式。在选择动作时要根据团体操的主题思想，结合队形和表演者的年龄、性别、做操能力等特点来进行。很多动作可以全体一起做、对称性地做或依次做。在密集的大方块队形中做一致性的动作，给观众整齐划一、恢宏气派的感受；若是在纵队、菱形、圆形队形中做各种波浪动作，会形成波澜壮阔的动人场面，取得最佳的表演效果。

（一）体操类动作

1. 艺术体操动作

艺术体操是在音乐伴奏下，进行徒手或持轻器械（如跳绳、藤圈、皮球、火棒、彩带等）练习，以节奏为中心，体现自然性和韵律性的体操项目。摆动性动作、波浪性动作及弹性动作是艺术体操的基本运动形式。一般性艺术体操的主要目的在于增进健康、培养形体美，发展协调、柔韧等素质，培养节奏感和表现力等。其动作高低起伏、富有流动和节奏感，可以充分展现表演者的优美姿态和高超的技巧，具有独特的艺术性，给人以美的享受，可以有效地提高团体操表演的艺术魅力。

2. 竞技体操动作

竞技体操是竞技性体操的一个种类，它以争取优胜为直接目的，是国内外主要的体操竞赛项目之一。它有特定的竞赛规程和评分规则。竞技体操动作难度大，技术复杂，具有全面性、准确性、惊险性以及艺术性的特点。它对人的体能、技术和意志等方面提出了更高的要求。

竞技体操中的动作有时可以利用专业运动员在团体操表演中使用，可以有效地反映国家或地区的竞技体育水平。此外，蹦床等体操内容也可以由专业运动员在团体操中表演。

3. 健美操动作

健美操是一项深受广大群众喜爱的，集体操、舞蹈、音乐、健身、娱乐于一体的体育项目。其特点是热情奔放，节奏明显，动感强烈。近年来为广大青少年所青睐。它是团体操表演中经常使用的表演动作之一。

4. 技巧动作

技巧运动中的各种跟斗、抛接、造型动作都是团体操表演中常使用的动作。这些动作不仅可以丰富团体操表演的内容、提高表演效果，还能充分展示我国体育健儿的英姿。其中难度较大的动作常由专业运动员来表演，难度较低的动作可由群众演员表演，比如简单的造型动作，其中技巧造型动作在团体操表演中运用较多。技巧造型动作是指由单人、双人或多人共同协作完成的各种静止平衡动作，这种动作结构巧妙、造型美观、立体效果突出，能使整个表演场面更趋完整壮观。造型动作可难可易，适用于不同年龄、不同规模的团体操表演。

①单人造型。有各种坐、卧、撑、跪、劈腿、平衡、下桥等造型。单人造型多在散点队形中表演或在其他队形及图案中做配合动作时运用。

②双人造型。有各种二人配合的站肩、站腿、举、倒立、扶持等平衡动作。可由单人造型的各种对称或非对称动作组成。双人造型一般多在二路纵队、交错的两人 1 组的队形中运用。

③多人造型。一般由 1 人或 2 人造型对称组合而成，这种造型高低起伏、层次鲜明。一般在多路的密集纵队、交错的小横排，特别是综合性的图案中运用。

（二）武术类动作

武术动作是团体操中表现中华民族气质的典型形式，是我国历史悠久的民族体育项目之一。它所具有的地域性、传承性使民族文化特征在一代又一代的自我复制中得以保存下来。武术中的基本动作、各种拳术套路和器械动作都可以在团体操中表演。但要根据体操的要求进行选择加工，使之符合体操的要求。一般简单的、容易整齐的动作都可以集体表演，高难度的复杂动作则可以在一定的队形或图案中由少数人表演。

（三）舞蹈类动作

舞蹈动作有民族民间舞、现代舞、芭蕾舞、国际标准舞、集体舞等。这些动作可使团体操的表演内容更加丰富多彩、更富于艺术魅力。民间文体形式作为传统文化的重要载体，有着浓郁的体育特色和独特的艺术魅力，在团体操中恰当地运用民间文体形式，既是继承与发展我国团体操的需要，又是传承我国珍贵的民间艺术财富的需要。例如，“荷花舞”这一民间舞蹈形式，经过编导者的精心改编设计后达到了很好的表演效果，使整个表演带有浓郁的中华民族传统文化气息。

各种民族舞和现代舞经过加工，都可以被吸收于团体操表演之中，使团体操表演内容更加丰富多彩、富有艺术魅力，更加突出民族特色，表现出民族的文化艺术修养。

妩媚、优美、粗犷或风格迥异、特点鲜明的民族民间舞蹈运用于校园团体操中，能更加突出表演内容的特色及表现出某一特定的文化艺术形象。简单大气、易于掌握、容易排练整齐的基本动作及其组合动作适合群体表演；复杂的、难度较大的舞蹈动作或现代舞、芭蕾舞等动作适于少数人表演，起到画龙点睛的作用。

中国自古以来便相信龙是风雨的主宰，是祥瑞的灵物，每逢大节日、大庆典及集会巡游等，必有舞龙助庆。随着华人移民到世界各地，舞龙文化已经遍及中国大陆、台湾、香港、东南亚，以至欧美、澳洲、新西兰各个华人集中地区，成为中华文化的一个标志。因此将其编入团体操，也能起到向世界展示中华民族精神的作用。

在设计校园团体操舞蹈动作时，不能只拘泥于表达人物思想感情的舞台表演，而要特别注意视觉表演的大效果、远景效果和整体感觉。将具有民族文化特色的舞龙、舞狮、踩高跷、秧歌舞、腰鼓舞、苗族的“芦笙舞”、土家族的“摆手舞”、藏族的弦子、锅庄舞等非物质文化遗产进行艺术再现，进行团体操肢体语言的挖掘，对与之携手相随的舞具、服饰加以改造、移植、借鉴，对它们所蕴含的“野性思维”进行提炼、整合、滤取，灵活地应用于团体操表演中，使团体操的艺术形象更加鲜活、更具人文深度。

（四）模仿类动作

模仿类动作是为了反映某种行为特征、特定的思想内容或能直接表达这种行为的动作。有模仿人物行为的动作：钢铁工人的炼钢动作、纺织女工的纺纱织布动作；模仿军事行动的动作：队列操练、射击打靶、格斗、刺杀、通过障碍等动作；以及科研人员做实验时的动作，大学生刻苦学习、努力拼搏的动作等；还有模仿自然界的景象和某些事物形象的动作，如小树的生长、花朵的开合以及雷雨闪电及植物生长的动作；机器齿轮、轮船、麦垛、海浪、飘动的旗帜和动物的动作如小兔跑、青蛙跳等。它们均能形象地表达出团体操所反映的思想内容，表演效果很好。

（五）民间文艺类动作

1. 民间技艺

是指人们生产、生活中各种技能和本领的艺术表现形式，在人民群众中广泛流传。其中一些动作经过加工后也适合在团体操中表演。以上动作一律可以徒手、手持道具或在道具上完成，在完成这些动作时常常采用集体配合的方法来获得整体大效果。

2. 杂技动作

杂技是一种表演艺术，包括手技、顶技、踩技、车技、爬竿、索等，通常也把戏法、魔术、马戏、驯兽包括在内。其优秀节目的共同特点是形体动作健美有力，手法灵巧迅速，技术难度很高。其中很多动作适合在团体操中进行表演，在团体操表演中可以采用在群体演员的衬托下由特定演员做单独的高水平表演的方式，能够丰富团体操的表演内容，提高观赏性。

三、团体操的造型动作的方式

团体操的造型动作以种类繁多、变化无穷的特点在表演中起着重要作用，也是很受欢迎的表演内容之一。团体操造型动作可快如疾风，慢如潺潺流水，将它们进行合理、巧妙、有机的编排能形成一幅充满诗意的画卷。对造型动作的选择应坚持简单、整体对比性强、效果好的原则，兼顾层次的变化，既要有“大齐奏”又要有“多声部协奏”。

造型动作是指单人、双人或者多人共同协作或借助服装、器械完成的各种静止或平衡动作。这类动作结构巧妙、造型美观、视觉效果好，能使整个表演场面趋于完整壮观。造型动作姿态万千、感染力强，大人小孩都可采用，而且最大的特点是能把简单的动作组合成优美的立体画面。单人动作有坐、卧、撑、跪、劈腿、平衡、倒立、下桥等；双人动作有各种对称或者非对称地站在腿上、肩上、背上的动作以及各种形式的托举动作；多人造型动作内容丰富，但强调密切配合、团结协作。

造型动作多为徒手表演，也可利用道具，或在道具上表演。如朝鲜大型团体操《阿里郎》就采用了叠罗汉、艺术体操等造型动作。

四、团体操的典型动作

（一）静止动作

静止动作是指在一个姿势上停顿 2 拍以上的动作，又称为平衡动作或造型动作。由于在一个姿势上停顿时间较长，所以要严格规定动作的位置和规格，保证造型动作的质量和效果。

（二）平面造型动作

平面造型动作是指所有的人在地面上完成的动作。这种造型动作一般按照组成造型的人数可分为单人造型动作、双人造型动作以及 3 人、4 人、5 人等造型动作。平面造型动作通常是在 1 ～ 5 路纵队上完成的集体造型动作，这些动作一般包括俯卧、俯撑、仰卧、仰撑、侧撑、跪、劈叉、平衡、倒立、下桥、弓步等动作。

（三）开合式动作

开合式动作是人体的移动动作，在同向或反方向移动换位中完成。开合式动作有单向和双向两种。单向开合即表演者一起向中心靠拢，然后再反向离心移动；双向开合动作即表演者在若干个相套的图素中做反方向移动，使靠近中心的表演者向外移动，远离中心的表演者向内移动，产生交替的开合效果。

（四）混合造型动作

混合造型动作不是全场统一完成的，它可以在一个圆形队形中由一组人在圆的中心完成，组成全场 N 组混合造型；或在方形、菱形、弧形等队形的中心完成。一般混合队形是在全场表演的结尾部分运用，此时的叠罗汉造型动作可以将整场表演推向高潮。

（五）叠罗汉造型动作

叠罗汉造型动作至少需要上下两个人完成才能组成一个叠罗汉造型动作。叠罗汉造型动作难度比较大，训练的时间比较长。我国叠罗汉造型动作在团体操表演中上下人数最高可达到 4 层。表演叠罗汉造型动作应注意以下几点。

①多层罗汉造型动作要从最下层开始，要注意协调一致、速度均匀，最上层要最后完成动作。罗汉的落法，要由最上层降低重心，再逐层降低身体姿势，最后由最下层下蹲以降低重心。

②多层罗汉的构成要注意人员的安排，“底座”要稳，最上面的人要选择体轻、胆大心细者。

③要对表演人员进行分组，确定位置后编号，并明确各编号人员的动作与完成动作的先后顺序以及节拍等。

第二节　队形与图案

一、团体操的队形

（一）候场（等待）队形

团体操表演由于距观众较远和参与人数多的特点，往往通过多种多样的队形图案来表达其主题。队形是根据体操的需要，将表演者按照预先设计的方案巧妙而有规律地安排在表演场地中所组成的各种图形。图案是运用各种队形的组成表现特定的内容。不同的排列组合方法可以使校园团体操的队形图案千变万化，结合各种不同的艺术装饰及动作，形成不同的风格特点。校园团体操的表演由候场（等待）、入场和退场、场内表演队形以及特色图案四部分组成。

团体操的每一场表演，表演者均由“候场”即在场地外等待（做准备）开始。候场位置一般根据团体操各场次的表演内容而定，要求场与场之间的转换和连接快速、流畅而不杂乱。尽量避免前一场退场的表演者与后一场入场的表演者在同一地点聚集。

①表演前的集结（候场）。此种候场是将不同场次或表演区域的演员按照就近原则进行安排，此方法比较适用于四周都有出入口的场地。既能保证演员快速进场又能保证场地上干净而不杂乱。

②“场地底端”候场。此种候场队形是团体操表演中最常采用的队形，一般用于团体操表演的第一场，便于表演者集中注意力。

③“前后两端”位置候场。此种候场是在场地的前、后两端候场，一般用于前一场表演“结束前”和后一场即将“表演时”的情景。此队形有利于场次与场次间的流畅连接。

④“左右两侧”位置候场。该队形同样可运用在前后两场表演中，目的是使团体操表演的场次换场和过渡显得秩序井然。

⑤“多区域”位置候场。此种队形是为了使表演的形式更加多样化，它可根据表演内容和主题进行针对性设计。

（二）入场与退场队形

1. 入场队形

每一场团体操表演都是从入场开始的，它是反映主题的一部分，一般要求简明、紧凑、快速、有气势，充分体现出活泼、优美和刚强的特征，以便给观众留下深刻的印象。青年男女多用整齐、雄壮优美的步伐或舞姿入场，进场队形可以为单行、多行密集纵队或放射形图案等，同时采用依次、交替等手法由场地的不同方向进入，以流动为主达到不同的表演效果。无论采用哪种队形、步伐，都要精确计算其节拍、距离和时间。

2. 退场与入场的过渡队形

退场一般是在场内表演的最后一个队形或图案的基础上，迅速密集成方块、纵队或横队后整齐快速退出场外，是单场表演或整场团体操表演的结束。除最后一场表演结束需退场以外，各分场的表演必须注意前一场的退场要为后一场的入场创造良好的条件，使各场之间衔接紧凑。退场要根据表演场地所提供的条件，分别向前、后、左、右或四角退出。表演者从场地内向场地外撤离时，要严谨整齐，精神饱满，迅速而有规律，以便给观众留下深刻的印象。

（三）表演队形

表演队形是在场地内根据表演内容的需要，将基本队形的行数与排数按照一定的顺序科学而巧妙地组合成各种美妙的队形与图案。一般有散点队形、直线队形、带角队形、曲线队形和综合队形等。

1. 散点队形

散点队形是以“点”为图形的基本构成元素、间隔或距离相等而排列成的队形。散点队形的间距一般在2～2.5米之间。在散点队形上适合做一致性高、整齐划一的动作或分区，以及分方向的交替动作等。全场均匀地布满人，更显场面宏伟壮观、气势恢宏。由于散点队形变成其他队形十分便利，因此散点队形不仅是团体操表演中的典型队形，而且也是其他队形变化的基础。可持道具在密集散点上形成“波浪”或组成巨型大旗（如国旗、会旗）。散点队形中横排与纵队人数的较好比例一般为4 ∶ 3（如横排40人或24人，纵队则为30人或18人）和3 ∶ 2（如横排24人或12人，纵队则为16人或8人）。这种比例以黄金分割律为原理，给人的视觉效果较佳。在散点队形的基础上，可直接变成各种长短直线、锯线、弧线、大小圆形和带角队形。

2. 直线队形

直线队形包括纵队、横排、多行多排和斜排等。直线队形有长短之分，长线条的直线队形有向远处延伸的视觉效果，用得较多的是依次、波浪和叠罗汉造型等动作。依次动作可根据需要由前向后、由后向前或由中间部位开始，在大纵队上常表演摆浪、卷浪、锯形和蛇形浪等。为使直线队形更清晰、远效果好，成纵队时每行的前后距离稍短，每行（纵队）的间隔要大。横排给人舒展开阔、平稳之感，成横排时每排人的左右间隔要小，而每横排之间的距离则要大，横排队形上常做上下起伏的波浪、滚浪、蛇形浪和旗浪等动作；斜排既有舒展的气势，又比横排富有动感。短直线变化较灵活，适合做整齐性、对比性、交替性动作或造型。

3. 带角队形

常见的带角队形有矩形、方形、菱形、三角形、五角形、锯齿形、箭头形等。带角队形见棱见角、整齐规格，以表现某种特定图案或特定含义。如果是依次做或交替性做动作会更有特色，给人印象深刻。这些队形可以是实心的（密集站位），也可以是空心的（由人组成外边）。实心的带角队形以密集队形或纵队拼组最好，也可由散点队形直接组合。空心的带角队形最好由直线队形变成，方法简单。三角形或箭头队形象征前进，常运用在小的高潮上，起衬托作用；锯齿形表示道路曲折；方形队形用于庄严、气势庞大的场面，用于展示力量、国威以及民族精神面貌；菱形常运用于较大场面的构图，以渲染主题。这种队形一般比较密集，演员的站位越低效果越明显，下蹲或躺着做动作比站着表演动作更能体现队形。

一般小型的校园团体操由于表演人数少，采用空心方块或菱形图案的情况居多。但实心图案的效果一般比空心图案好，密集的人群和道具可收到厚重醒目的色彩效果。

4. 曲线队形

曲线队形通常有弧线和圆。曲线队形给人柔美、流畅的印象，常常用来表达抒情性、欢快的内容和情绪，它们给人以祥和、温柔、安定、团结的心理感觉。轻快活泼、优美的团体操多用圆形、扇面、弧形、曲线等队形；由女青年表演的团体操可多用圆弧队形和流畅的线条来组成队形图案。

（1）弧线队形

弧线的正反组合可形成波浪，弧形虽可单独组成队形进行表演，但常与直线、圆结合形成图案。如弧线与短线组成扇形、弧形与圆及带角队形组成综合图案等。在综合图案中弧形多为连线，起纽带作用。

（2）圆形队形

包括单层、双层和多层圆队形。圆形队形适合做各种开、合、转动、顺时针或逆时针圆的轨迹跑跳以及向圆形聚拢或向外打散等动作。单层小圆由于间距不大，适合需要快速移动的表演，在圆上可以做各种转动、开合及异侧、同向摆动动作。在单层圆上做顺时针转动，双手前平举比双手侧平举表演效果好，更能体现圆的整体。在多层圆上做“立转”或“滚动”会收到比较好的表演效果。

（四）综合队形

综合队形是由不同的队形如散点、直线、带角、曲线等队形组成一个较大的队伍形状。在设计上可前后左右等距或交错综合使用，设计得好往往会有很高的审美价值，与主题思想紧密相连，并能表达特定的含义。综合队形的运用一般为一个段落的结束或某一段的典型场面。各种新颖独特的综合队形能给观众带来视觉上的冲击，这种队形一般不连续出现，适合与前面的队形穿插使用，使表演的变化大、新奇巧妙并达到一定的表演高潮。

二、团体操的图案

（一）图案的基本构成

团体操图案的构成指队形变化和移动的路线所形成的图形画面。构成图案的基本元素可称为图素，它是图案构成的基本单位，包括点、线、面三个基本形态。

点、线、面构成了图案的基本形态，同时也是团体操队形图案设计的基本要素。“点”在团体操队形图案中有特殊的性质与用法，也就是说所有队形图案都是由“点”构成的，要想设计好的队形图案与变化，最终要落实到基本的点上。按照队形图案基本图素中的线与面可分为以下几类。

①线的图素：包括直线、锯线、弧形曲线、S形曲线、涡线等。

②面的图素：包括方形、三角形、菱形、多边形、花瓣形、圆形等。

③象征性的图素：包括具有象征意义的图形和专用符号，如旗帜、地图、标志性徽记、人物等。

④一般性图素：包括花朵、五星、太阳、火炬等。

⑤文字图素：包括字形、字母、年号等。

（二）图案的特点与运用

团体操的图案具有排列整齐、装饰性强、统一之中又有变化的特点，使表演场地显得宽阔大气，是人们表达思想和现实生活密不可分的艺术性和实用性相结合的艺术形式。图案一般用于某一典型场面或一场操的结尾，从而形成全场表演的高潮，以点明主题。设计者根据表演和美化目的，按照表演需要，通过艺术构思，把演员安排在一定的坐标位置上，利用表演道具进行造型、色彩、装饰等的设计并确定表演的图案。表现形式有具象和抽象之分，具象图案的内容可以分为花卉图案、风景图案、人物图案、科技成果图案等。它的造型方法与绘画等造型艺术不同，具有更强的表现力，除了生活中的具体形象以外，一切抽象的形象也都是团体操图案造型的基本内容，常采用写实、变化、组合等手法使图案形象多样化。通过写实型图案或精细、或粗放、或简化地表现表演内容；通过图案的变换去夸张、概括表演内容；通过组合型图案共生、重叠、集合、分离表演内容；通过动态和静态图案的效果和表演者姿势的变化，展示表演内容的动态与力度。

例如，我们常用校旗表现学校之魂、校徽表现办学之本、校训表现学校之精神；用五星图案来表示党团领导；齿轮与科技图案象征工业发展和科学进步；三角形连续图案表示奋进向上；圆形图案表示团结友谊；多变队形表示活泼愉快，锐角队形表示刚健、锋利等。综合队形包含不同的队形，如散点、直线、带角、曲线等队形可组成一个较大的队伍形状。

第三节　音乐与播音

一、团体操的音乐

（一）音乐的作用

音乐是团体操最有力的工具之一，它能使表演者和观众情绪高昂、全情投入，能够产生一种感受或传达庄重和尊严，它能起到指挥全场表演、点明主题、烘托气氛、增强表演效果的重要作用。音乐不仅有助于突出团体操的风格和特点，渲染表演气氛，给人以深刻的印象，还可以启发表演者，使其动作轻松自如、整齐划一，并富于感情，让观众受到优美旋律的陶冶和美的享受。团体操表演因参与的人多，表演者的素质与水平参差不齐，为了使表演达到整齐划一的水准，需要依赖指挥信号——“音乐”。因此团体操音乐的节奏必须鲜明、有强有弱、有张有弛、有刚有柔，使清晰而优美的旋律和表演者的动作融为一体。只有这样，才有利于广大的表演者记忆、理解与表现；也只有这样，才能有效地发挥其重要的指挥作用。

团体操音乐是根据确定的表演主题思想、表演动作风格、特点和场景进行创作和选编的。音乐是团体操表演最为重要的一个环节，从某种意义上来说是团体操的灵魂。对于团体操表演，现场观众看到的可能是绚丽的服装色彩，也可能是不断变化的队形和图案，或者是整齐划一的某种动作。观众在视觉上是有选择的，但音乐对于所有人来说是不可选择且必须接受的，因为团体操的音乐是预先设计和安排好的。所以从这个层面来说音乐更具有渗透性和侵略性，它对提升现场气氛最直接、最有效。这就要求我们在音乐的选择和制作上需要非常谨慎。

（二）音乐的制作规格

校内团体操的音乐因条件限制，大多采用现有的音乐或根据需要把几种音乐剪辑在一起，时间一般控制在 8 分钟左右。音乐不是消极地配合表演，而是发挥其本身的独特作用，力求表达主题思想。团体操根据规模的大小有多场表演和单场表演。但任何一种形式的表演的音乐安排都离不开“前奏（序曲）—主题曲（表演及过渡等段落）—尾声（退场）”这三段。就单场表演而言，团体操可选择带有校园风格特点的校歌、校园庆典活动主题歌和表现当代大学生风采的时尚而充满活力、富有朝气、节奏明快的乐曲；在表现青年人积极向上、锐意进取时，音乐要轻松、优雅、明快、动听；颂扬祖国悠久历史和灿烂文化的表演内容，则应选择与之相适应的民族音乐；女大学生的舞蹈表演可选用轻柔、优雅、旋律优美动听的音乐；表现学校未来发展主题的表演一般选用气势磅礴、恢宏的乐曲等；而传统的武术、民族体育动作则以民乐为主调。

（三）音乐的制作注意事项

音乐与团体操动作之间是血肉相连的关系，它不仅仅是场上的唯一指挥，更要烘托表演气氛、感染观众的情绪，从情感上去征服观众。在选择制作团体操音乐时要注意以下几点。

①音乐紧扣主题。表现一般题材的团体操音乐，从内容到形式可轻松、活泼、别具一格。如果是重大题材的团体操，音乐则要有强烈的时代感，基调要气势磅礴、恢宏大气。

②音乐具有广泛性。选择表演者易于记忆、掌握和富有特色的音乐，同时要考虑选择观众耳熟能详且可接受的曲目。

③音乐节奏清晰。团体操动作整齐划一的关键，在于音乐起到的指挥作用。因此音乐的节奏必须有强有弱、有张有弛，使之刚柔并济。

（四）音乐的谱曲、选曲与音乐美学

谱曲或选曲是整个团体操创编中重要的环节之一。借用音乐美学理论的看法：从形式上看，音乐必须由乐音而不是噪音组成而且必须有一定的长度和组合；从内容上看，必须有确定的可感受到的精神因素。

团体操音乐所表述的内容与团体操主题有内在的联系。因此，团体操的谱曲或选曲一方面应与表演主题相一致，以便更好地歌颂主题；另一方面，应注意使乐曲旋律清晰、节奏鲜明。

（五）团体操的配乐方式

①根据操的主题风格及表演形式创作乐曲，即先有操，然后作曲人员按照操的要求创作音乐，在配乐过程中有时对操的段落长短做适度的调整。

②配曲和编排动作交错或同时进行，即有的段落根据操的要求先创作乐曲，然后编排动作；有的段落由编训组先创编动作，再请作曲人员配曲。在条件许可的情况下采取共同研究、密切配合、创编动作与配曲交叉进行的方式的效果较好。这样不但思想统一，而且动作的创编与作曲几乎在同一时间完成，有利于训练阶段工作的进行。

③根据编好的操选择合适的音乐。在没有作曲能力的情况下，可以根据已经编好的操在众多的音乐中进行选择，将适合的音乐进行简单的剪辑加工，使之与操的要求相吻合。

④根据音乐编操，即先选择合适的音乐，进行适当的剪辑加工后，按照乐曲的段落和长短编操。

由于在团体操表演过程中音乐起指挥的作用，因此要求录制的音乐效果要好，乐曲的速度和长度必须准确。为此，录音时编操人员和作曲人员要密切合作，前者重点负责音乐的长度、速度并分段录制，后者重点负责音响效果及其他的艺术处理等。

二、团体操的播音

播音在团体操表演中绝不是独立的部分，它通过语言艺术的魅力来感染现场观众，发挥有声语言的独特优势，对团体操表演中风光的展示、历史的阐释、背景的交代、情节的叙述、主题的升华、意境的烘托和气氛的渲染都起着至关重要的作用。现场播报与团体操表演结合在一起，既起着补充和扩大画面内涵的作用，又与画面、音响等元素共同起着向观众传情达意的作用。校园团体操是多种艺术元素和表现技巧的集合体，播报与画面、音响等元素紧密地联系在一起，共同形成一种复合语言。在这种复合语言中，团体操表演呈现的画面是最基本的元素，播报虽然作用于听众的听觉器官，但一定要立足于观众的视觉感受，它是对画面的延伸、概括与升华。观众可以通过播报把画面感觉和听觉感受相衔接，对不断发生变化的画面进行必要的整合和重组，充分领会画面之间的逻辑关系，并通过这种引导使观众顺利进入特定的画面情境和氛围之中，体会团体操表演的主题内涵。

（一）播报前的准备工作

对现场播报的艺术处理多种多样，首先播音员要根据不同场合来调整艺术创作的表现形式。在创作之前，要对大学生的思维方式和价值取向进行深层次挖掘，从而在表演过程之中通过声音的塑造来体现校园文化中彰显的生命价值，展示他们在社会生活中独特的文化现象。

其次要明确播报创作的目的。明确目的对团体操播报起着统帅的作用，可以使创作人员态度积极，准确把握播报重点，使内容深刻，主题鲜明突出。同时练习对气息的控制，缩短与听众的距离。

接下来就是确定播报的基调。总的原则是播报基调统一，又要有所变化。基调统一要求播音有整体感，播音基调为团体操解说服务，不走板，不跑调；播报一篇稿件总的感情色彩要突出。在基调贴切统一的前提下，基调应随内容变化而相应变化。一方面能表达出团体操视觉效果的整体思路、发展脉络和感情变化的层次，另一方面可使播音有曲折有波澜，避免乏味，增强感染现场观众的力量。

最后是演练过程中的情境再现。在符合稿件需要的前提下，以稿件提供的材料为原型，使稿件中的人物、事件、情节、景物、情绪等在播音员脑海中不断浮现，形成连续的活动画面，并不断引发相应的态度和情感，这个过程就是情境再现。

（二）播音过程中的注意事项

团体操表演过程中的情绪带动除了画面感之外，更重要的一环在于播音员对于播报稿中内在语的解析和把握。所谓内在语，就是播报稿的文字语言不便表露、不能表露或没有完全显露出来的语句关系和语句本质。要想揭示语句本质，首先要根据具体的场景判断出具体的态度、分寸，其次要搞清楚团体操表演不同部分之间、小层次之间、段落之间的内在联系。区分并列、递进、因果和转折等情况的逻辑感受，以内在形式把理解感受到的逻辑关系表现出来。播音员在团体操播音过程中必须在“目中无人”的条件下，努力做到“心中有人”的状态，要对听众进行设想，从感觉上把握住听众的存在，时时与聆听对象进行思想感情交流。

一次成功的校园团体操表演，应该是播报和现场表演完美结合的统一体。有时播报内容甚至是整个团体操表演的灵魂，即使闭上眼睛静静聆听播报，它也应该是一篇精美绝伦、令人荡气回肠的篇章，听起来让人振奋，引发思考，唤起遐想，回味无穷。如果把团体操的表演内容比作红花，把丰富精彩的团体操队形图案设计比作绿叶，那么一个好的播报就是适合红花和绿叶的肥沃土壤。无论是多么吸引人的故事、多么精彩的画面，就如同漂亮的植物一样，如果没有适合的生长环境就会失色不少。

团体操表演中一般是固定内容的播音，即按照事先准备好的播报脚本的内容进行播报。播报脚本是对团体操表演内容进行诠释的重要文字资料，也是展示团体操主题思想的基础元素。具体播报内容要根据团体操的表演进程和段落做相应的安排，并分别填充至模板的相应位置中。播音员所播出的每一条信息，均代表各表演内容的寓意。在编写播报的过程中，要对团体操的价值取向进行深层次挖掘，在表演过程中通过声音的塑造来体现校园文化中所彰显的生命价值，展现其独特的文化现象。

第四节　艺术装饰

一、团体操的服装

服装是团体操表演的重要装饰手段。设计好服装的式样与选好服装的颜色不仅可以突出主题思想、烘托气氛，而且能增强表演的整体美感，增添艺术感染力。所以，服装的审美功能在团体操表演中起着越来越大的作用。

（一）团体操服装特点的演变历程

1. 第一阶段

20 世纪 50 至 80 年代，团体操表演以集体做操的形式为主，主要突出政治性、思想性。服装类型单一、款式简单，以表现不同人物角色的形象特征、展现各行各业劳动人民高度热情地建设新中国的工作和生活景象为主。表演者身穿不同色彩的表演服装，在各种动作、队形、图案和造型的变化中将不同色彩进行排列、穿插，形成不同色块及组合，使表演现场呈现出一幅幅流动的色块画面。

2. 第二阶段

20 世纪 80 至 90 年代初，以体操形式为主的团体操表演逐渐向文体结合的方向发展。在创作上，表演服装类型和款式也呈现出民族化、多样化和造型新颖的特点。

3. 第三阶段

20 世纪 90 年代至今，团体操表演在创作上逐渐运用大写意的手法，在题材上更多地采用了文体结合的方式，进一步实现了我国民族传统、民间艺术形式与体育形式的有机结合；运用文艺、科技等手段衬托表演；背景、灯光、场景等舞美方面的构思更加巧妙，使团体操表演成为体现体育、科技、艺术综合特征的大型广场文体表演。表演服装在创作上向综合化、艺术化的方向发展。

（二）团体操服装的审美功能特性

服装作为团体操表演的重要组成部分，必然会带有一定的审美功能。关于服装的审美功能特性，主要有以下几个方面。

1. 服装的民族感

每个民族都有自己独特的文化传统与风俗习惯，因而每个民族的服装也都有自己的民族特点，不用说世界各国那么多民族，就是我国的五十六个民族的服装也都有各自的特点。例如蒙古族人民喜爱的长袍、马靴，适合于他们长年的马上游牧生活。他们的服装的色彩一般是单一的鲜艳色调，在一望无际的绿色草原和白色羊群中既便于寻找，又有“万绿丛中一点红”的点缀作用。又如新疆维吾尔族人民能歌善舞，富有艺术气质，他们的服装造型和色彩富有变化，新颖活泼，艳丽夺目，衬托出他们开朗活泼的特征。因此，团体操表演中选用具有民族感的服装，能反映我国各族人民大团结的精神风貌。

2. 服装的时代感

不同的时代对于服装的审美标准是不同的。自改革开放以来，人们的文化生活水平提高了，对服装的审美、式样和色彩要求日益趋向明快简洁。所以团体操的表演服装也渐趋丰富多样，具有时代感。

3. 服装的职业感

不同职业的人，根据他们工作性质的不同，应该有不同的具有代表性的服装。这些服装不仅有实用功能，而且具有代表职业特点的象征功能。如学生服装等可以表现人物的特点，达到塑造艺术形象的目的。

（三）团体操表演服装的发展趋势

1. 服装功能的开发与利用

团体操表演服装在朝着一物多变、一物多用的方向发展。例如，一种服装可以在色彩或款式上进行不同的变化，使它既是表演者的服装又可以充当表演者的道具。

2. 服装类型的不断扩充与完善

团体操在表演内容和表演形式上将我国民族、民间项目以及体育运动进行综合运用，因此在服装风格上进行了大胆创新，依据不同的表演内容及形式体现出民族体育特征。服装的选择表现在对不同种类的裙装、塑形式服装、仿式服装、运动装、民族民间服装以及一些具有特殊装饰效果的表演服装进行扩充与完善。

3. 服装材料的宽泛性

服装材料的选择已经不仅仅局限于通常意义上的棉、毛、丝、麻等材料，在考虑绿色环保、无毒无害以及可回收再利用因素的前提下，设法寻求更多的高科技塑料制品、金属制品、化纤制品等。通过特殊的工艺处理手段，最终设计出丰富多样的表演服装。

4. 不断优化服装的整体效果

服装款式、风格、工艺和色彩的选择与运用体现出色彩自身的特征，色彩的运用、选择与搭配更加形象化。表演服装主要以营造演出气氛、增强表演效果为目的，其样式在写实性设计的基础上更注重寓意性设计，使服装款式的综合形态体现出抽象变形给予观众无限联想。

（四）团体操表演服装的选择

俗话说“三分人才七分打扮”。设计得体的团体操表演服装不仅更能突出团体操的特点和主题，而且也能体现表演者的精神风貌。和谐统一的表演服装使场面更加统一和积极向上。服装是获得表演艺术效果的关键之一，是根据团体操的主题和风格专门设计制作的。动作要显示服装颜色的特点，服装也要体现时代感和民族特点。校园团体操表演一般在白天（自然光下）进行，不需考虑灯光因素，服装色彩一般在明度和色彩上应与道具及场地色彩形成较为强烈的对比以产生整体效果。大多数时候选用成本较低的运动服、T 恤、长短裙、披风等。

1. 团体操表演服装要结合学校的具体情况

校园团体操的服装不仅要符合学校庆典活动的主题思想、风格以及表演特点，还应包含校园的色彩元素；同时要考虑到各学校的具体情况，如场地、道具、背景颜色以及经费等。因此服装的制作应注意以下事项。

①团体操表演人数多，表演场地大，因此要注意远效果、大效果，以色块为主，并力求色彩鲜艳，样式要美观大方；服装的设计要根据团体操的风格特点以及表演者的性别、年龄特征并符合主题的要求，使其具有鲜明的代表性及时代感。

②服装色彩要与场地、道具的颜色互相衬托，最好是先制作样品在现场检验效果，然后确定标准式样和颜色。同时还应考虑表演的季节、场地与周围环境、服装道具本身以及有无背景色彩的配合等。

③注意勤俭节约，根据不同的条件、不同的要求去考虑服装、道具的设计与制作。无

论是大型还是小型团体操表演，往往需要成百上千套服装，服装的设计要看是什么规模的表演，以少花钱、多办事的原则开展活动。

2. 团体操表演服装要注意展现形式美

团体操表演服装的形式美是一个综合性指标，既要看它是否得体，以便于做动作，还要看它的款式、色彩、图案等是否得当，以烘托表演主题。选择或设计表演服装，一般要考虑如下几个形式美的规律。

（1）统一与变化

服装的统一主要指整体与局部式样的统一、配色的统一等，但是只强调统一就会产生千篇一律的问题，单调而缺乏生气。所以必须要进行适当变化。可以从人体工学的角度出发，根据人体部位之间的关系，在款式上进行转换分割、搭配上进行色彩的变化以及运用适当的粗线条花边点缀等，以求得生动、活泼、有动感。

（2）比例与对称

服装的设计要符合比例法则。“黄金分割”的 1 ∶ 0.618 被认为是最美的比例，因为它与人的视野范围非常相配从而给人以美感。因此，在一件衣服或一套衣服的结构中，面积的划分、长短的安排等应考虑比例关系，以取得最协调的审美效果。

人的身体是左右对称的，服装的设计也应适当地注意对称规律。我国的“中山装”就是典型的代表。它以中间的扣子为中轴，两边的袖子、口袋等完全对称，给人以严肃朴实的感觉，但处处完全对称的服装不免显得呆板。在体现青年人活泼欢快主题的内容时，服装的设计则可以有意打破对称，在不影响整体美的情况下，在服装的左与右、上与下各部位采用不同的色彩、图案等使服装具有不对称美。

（3）旋律

服装设计中的旋律主要是指各种制作工艺线和色彩应有规律性的变化。它可以分成形状旋律与色彩旋律两种。形状旋律如有规律重复、无规律重复、直线重复、曲线重复等；色彩旋律指深浅、明暗、调子不同的色彩的排列产生的变化效果。

总之，选择或设计团体操表演服装应根据操的主题思想，一方面，要体现人物的职业、年龄等特点，反映民族风格与时代感；另一方面，要遵循统一与变化、比例与对称、旋律等形式美的规律，考虑色彩调配等，这样才能更好地营造表演气氛，为表现一定的主题服务。

二、团体操的道具

（一）道具的种类

团体操的道具种类多样、形状不一，它是根据团体操主题的需要而选择与设计的。根据道具的大小和使用道具所需要的人数，一般把道具分为小型、中型和大型三种。凡是一个人能持用的道具为小型道具；两人及以上能持用的道具为中型道具；多人也不便持有而只能在道具上做动作的器械称为大型道具。

1. 小型道具

小型道具具有形式多样、变化奇异、灵活的特点，它们是校园团体操中最常用的表演工具。小型道具在整个校园团体操表演中可以组成点、线、面的队形和图案。单个的小型道具可以视为一个“点”；纵队、横队及图案队形中可以用小型道具组成一条“线”；大方块的集体密集造型，利用小型道具可以组合成一个“面”。在整个团体操图案变换和构成中，小型道具因其灵活多变的特点，为校园团体操的主题表达和取得良好效果起到重要的作用。团体操表演中常用的小型道具有彩球、花束、帽子、扇子、纱巾、花条、花环，以及小旗、火炬、泡沫块等。

2. 中型道具

中型道具有大泡沫块类（大布块、大校旗、条幅等）、梯子或架子类及各种实物模型类道具等。由于制作道具需要一定的经费，训练需要花费一定的时间，完成表演动作需要具备一定的体力，故使用这类道具的校园团体操一般适用于大学的团体操。

①大泡沫块类。指二人及以上手持大泡沫块或大布条、彩绸进行表演所用的道具类型。这类道具可做各种转换、翻动、抖动及旋转、抛接等动作。如《清华颂》第一场“紫荆花开”就利用大布条的抖动、抛接等动作进行了“庆祝清华大学百年校庆”的文字字幅表演。

②梯子类。利用梯子可做梯子操，在梯子上做由下至上的重叠造型，也可组成立体图案等造型。

③实物模型类。指由五人以上托举表演，可做起落、翻动、左右摇摆及拼图动作的标志性物体，可展现出动物、景物等景象，多出现在团体操表演的结尾以点明主题。

3. 大型道具

大型道具一般是为点明主题、烘托全场气氛，使表演达到高潮而专门制作的重型器材，如翻花台、科研成果模型车、造型台等。

（1）模型车

多由场外进入场内表演，在车上可设置各种模型道具。有反映学校科学文化建设的，也有展示教育、科技成就的。表演者可根据要表达的中心思想采用不同模型做动作或造型，以形成统一的表演整体。

（2）翻花台

一般在团体操的最后一场或尾声中运用，通常放置于一个美丽而又气势磅礴的图案中央。在台上可做侧倒、依次、同时开合及旋转等动作。

（二）道具的作用

道具是团体操的表演用具。为了更好地表现团体操的主题思想，提高表演水平，达到更好的效果，通常运用各种道具来烘托主体，装饰和点缀队形，使徒手动作和队形变换构成艺术的妙境。道具是和团体操的表演动作融为一体的，并非为拿道具而拿道具，道具本身就是一种语言。道具及其变化有助于丰富表演内容、增强效果，给人以生动形象之感。

1. 增强表演的艺术效果

如果连续几场团体操表演都是徒手表演形式，即便每场操的动作变化多样，也会使表演显得有些单调。如果能运用一些道具如花束、花条等简单的小型道具，表演内容就会更加丰富，形式更多样，气氛就更好。

2. 点明人物的身份特征

20世纪50至60年代，我国团体操表演常用麦穗、齿轮、枪等道具模型来反映工、农、兵的形象。可见道具可以点明人物的身份特征。采用球、棒、艺术体操的圈等道具，可以表现锻炼身体的主题。

（三）道具的色彩

1. 颜色的三属性

无论什么色彩，它们都具有共同性。这就是颜色的三属性，即色调、明度、饱和度。

（1）色调

指色彩协调的区别，如将石竹花的粉红色和玫瑰花的玫瑰红色作为红色系的红色，将紫罗兰的紫色和薰衣草的紫色作为紫色系的红色。这样的颜色系统划分，也可称为色调属性。

（2）明度

借助各种光源，我们能分辨出各种物体的形状。如在消失的光线中看到的物体是深暗模糊的，在明亮的光线中看到的物体是明晰清楚的。石竹花的粉红色和牛奶的乳白色看上去显得明亮，深茶色和浓郁的树叶颜色看上去显得浓暗，这种明暗程度就是明度。

（3）饱和度

颜色具有强烈、淡薄、鲜艳、浊暗等各种感觉，饱和度指的就是它的强烈程度。

总体来说，运用颜色的三属性来指导团体操的色彩设计时，应以艳丽、明亮为主，饱和度也应以强烈、鲜艳为主进行配色与总体规划。

2. 颜色的心理作用

颜色的心理作用是通过不同颜色给人的不同感觉表现出来。它主要有以下几个方面的作用。

（1）色彩的收缩感与膨胀感

颜色的深浅不同会给人的心理造成错觉。浅色与白色给人一种膨胀感，而深色与黑色则给人一种收缩感。

（2）色彩的冷暖感

色彩是自然界中的一种现象，所以当人们看到红、橙、黄色时，经常联想到同样颜色的太阳、火光等而产生热感，它们就被称为暖色；而当人们看到青、蓝、紫等色彩时，会联想到海水、夜空等而产生冷感，因而它们被称为冷色。此外，还有一些颜色可以称为中性颜色，如绿色等。

（3）色彩的象征意义

校园团体操的道具一般应选择象征热情、喜庆、幸福、愉快、光明、纯洁等的色彩。色彩效果的优劣不在于用色多少，而在于色彩的选择与组合是否恰当。一般一种道具一种颜色，过多使用色彩容易使场面“花”且乱。常用道具色彩的象征意义如下。

①红色。具有强烈的感染力，是最引人注目且易使人产生兴奋的色彩。它象征温暖、喜庆、热烈、欢快，在校园团体操中常起着主色和重要的调和对比作用，是使用最多的颜色。

②黄色。是阳光的色彩，象征光明、希望、高贵、愉快。黄色在色彩中的明度最高，与红色配合产生辉煌华丽、热烈喜庆的效果，与蓝、绿色配合产生淡雅宁静、柔和清爽的效果。它包括中黄、淡黄及柠檬黄等。

③蓝色。是天空和大海的色彩，象征和平与安静、纯洁、理智。蓝色与红、黄等色若运用得当，能使校园团体操构成和谐的对比调和关系。

④绿色。是生长的植物的色彩，象征和平与安全，意味着青春与大自然。它与蓝色搭配会产生宁静的感觉；和黄色配合给人以明快、清新的感觉。由于绿色的视认性不高，所以应和黄色或红色等明度较高的色彩对比使用。团体操一般会在有草坪的足球场上进行表演，为避免撞色通常不选用绿色道具进行表演。

⑤紫色。象征优雅、高贵。淡紫色有高雅和梦幻的感觉，深紫色有庄重、庄严的效果。它与红色配合华丽和谐，与蓝色配合华贵低调，与绿色配合热情成熟，与黄色是强对比色，如运用得当能产生新颖别致的效果。

（四）道具制作和使用的基本原则

1. 服务主题

道具作为大型运动会开幕式团体操表演中一种重要的艺术装饰，它的出现和不断创新都是为整个表演服务的，因此在选择道具时一定要有代表性，能够表现主题。例如表现海洋的题材，应采用蓝色绸缎作为道具。如果再加上船这个大道具，则能更好地表达乘风破浪、奋勇前进的精神。

2. 融于表演

道具要符合广场艺术表演的特点，要求有大色块对比和大区域的调度且简洁明快。适当扩大造型规模，把它们融合在艺术表演中，而不是使其独立出来。道具颜色要与表演场地、队员的服装色彩协调，互相衬托且不可雷同。最后还要符合表演者的年龄和性别特征。

3. 道具的运用要“线面”充分

整齐划一容易表现出力量美，错落有致会出现意想不到的色彩效果；平面方正的运动场面比较容易呆板，强调流动中的变化容易形成曲线之美。由于团体操一般是在体育场或广场上进行，表演人数多、场面大、距离观众较远，在选择或设计道具时有时要采用夸张的手法，把道具做得大一些、突出一些，这样才能收到表演的良好视觉效果。

4. 重复利用

大型道具的制作成本高，要考虑到再利用的问题，尽量避免出现一次使用的状况。创作小道具时要考虑到与队形的配合和有利于演员的动作，以及一种道具多种用途和颜色的选择等方面的问题。道具要结构简单、轻便、牢固、经济和变化巧妙。

民族体育是大型团体操取之不尽、用之不竭的素材库。《中华民族传统体育志》中有我国现在可收集到的民族体育项目 97 项，在进行团体操创作时可以从中借鉴一些典型的可运用的道具。对这些道具的开发要符合团体操道具使用的特点，不仅能表现民族特色，而且要适合在广场上表演。在团体操表演中出现过的民族体育中的道具，主要有舞龙、舞狮、安塞腰鼓、威风锣鼓、太平鼓、跷跷板、高跷、打花棍、跳绳、挑幡、芦笙、锅庄、朝鲜长鼓等。

三、团体操的灯光与焰火

随着现代科技手段的运用和文艺表演的增加，团体操表演在外部形态上更倾向于舞台艺术表演。高科技为现代团体操表演内容的充分展示和舞美设计提供了更加广阔的舞台。各种灯光和焰火的运用使团体操更加色彩斑斓；活动舞台、空中表演装置、音乐喷泉等设施的运用丰富了团体操的舞台层面。尤其是大型的综合性团体操，从入场、表演、退场几个方面来看，都是在舞台灯光的配合下逐步完成的。灯光可以使服装的色彩产生丰富的变化，追光还可以弥补转场时场上较为混乱的不足，也可以突出某一个表演主体，起到艺术渲染的作用。但一般校园团体操由于受表演场地、经费等客观因素的限制，通常都是在白天进行，故很少采用灯光。

四、团体操的周围装饰

团体操表演无论是在体育场还是体育馆内进行，为了使场面更加热烈，通常会在表演场地的周围进行一些艺术装饰，为的是烘托气氛、突出主题、增强场内表演效果。周围装饰主要是在主席台上、对面及两侧悬挂一些标语、标牌、气球、彩旗等标志性装饰物等。周围装饰对场内表演不能造成喧宾夺主的后果；装饰物不能影响观众的视线；标语一定要醒目、简练，提出的口号应切合活动或运动会的主题。

①标牌。一般是竖立在主席台的对面，是运动会的会徽图案，或者是具有代表意义的图案，或者是吉祥物等。

②气球。一般都是大气球，浮在空中，带有标语布。气球设置在表演场地的四个角，这样既能装饰场地又不影响观众对场内表演的欣赏。

③彩旗。一般是插在表演场地的周围，彩旗的高度以不影响观众观看表演为宜。

五、背景

背景是团体操艺术装饰的一个重要组成部分。它的作用主要是密切地配合表演，更清楚地点明主题。在看台上设置背景，可使表演的范围扩大，背景与场内表演连成一体，能起到扩大场面和美化场面的作用。由于背景的画面变化手法多样，所以大大增强了表演的效果。背景还能起到掩护场内表演的作用，当场内组合复杂的图案出现乱场时，或表演过程中需要由场外运进大型道具时，就可安排背景变化来转移观众的视线。背景的变化很醒目，在出现新的画面特别是活动的画面时，往往能将观众的注意力吸引到背景上，引起观众的兴趣和议论，这正好起着掩护作用。当场内表演处于精彩或高潮的时候，更要特别掌握好背景变化的时机，切忌互相干扰。背景在团体操表演中毕竟处于陪衬的地位，不能本末倒置、喧宾夺主，应很好地把握背景的数量和变化的时机，使背景配合团体操表演，获得更好的效果。

组成背景的形式是多种多样的，概括起来可分为复杂的和简单的两种。有的是在看台上让人穿着不同颜色的服装组成简单固定的背景（如不同颜色的上衣、不同颜色的草帽），有的是让人持不同颜色的道具（如彩球、花束、板子、背景本）以连接起来组成可变化的字或画面，如用红、黄两色或者多色的翻花道具或两色板组成较简单的背景。它的优点是变化快、制作简易、训练方便、节省资金，但画面数量少，对表达主题有一定局限性。

采用背景本组成背景的效果较好。它的优点是变化多、变化快，能组成很复杂的画面，表现多种内容。但是它的制作过程较复杂，训练要求高，不太经济。此外，夜间可采用灯光背景，如可变色的发光灯箱、可变换颜色的发光板等。

经过几十年的发展，我国的团体操背景无论是在内容的选择上、道具的运用上还是在背景区域的安排上，都有了质的飞跃与突破。从研究结果可以看出，团体操背景的发展受团体操内容、形式及整个社会政治、经济、科技、文化发展、时代特征等诸多因素的影响。从新中国成立初单一的内容、形式及固定的表现手法，到现在整体创作构思的不断创新与突破，以及高科技手段的不断引入与运用，我国的团体操背景发展出现了质的变化。

目前，我国的团体操背景在画面的创作上转变起初以真实形象为主的特点，更多地采用大胆的艺术表现手法，运用抽象、写意的设计理念，形式方面在表现体育、文艺的基础上，更多地侧重于将民族文化、时代信息融入其中，表现手法上改变以往人工翻动道具的原始方法，运用现代科技手段多角度、全方位、立体式地展现作品。内容作为团体操及团体操背景所要表现的主题，直接影响着团体操背景的设计。当今的团体操背景在内容题材的选择上越来越广泛和多样，并具有各自的特色，既能反映时代特征，又能突显民族特色。形式上更多地运用科技手法以实现文体结合，更多地挖掘我国的民族、民间艺术形式，反映我国的民族文化。在艺术手段方面，注重利用科技、文艺等来实现团体操背景在团体操表演中的功效。在各种灯光（色彩灯、激光灯、电脑灯等）、大型道具的运用，以及干冰、烟火等道具的衬托下，团体操背景的艺术欣赏性大大加强，给观众的视觉冲击力空前强烈。团体操表演区域改变了固定的看台背景，出现了多方位、立体式的背景区域，将团体操背景与团体操表演融为一体、使之相互呼应，使团体操背景在团体操表演中的地位更加突出。

第三章 高校团体操创编原则与程序

创编人员在创编一部团体操之前要有一个总体设计构思，确定主题思想和表演风格，以及表演的总时间、总人数。具体到服装道具、队形变化、图案造型、表演动作、场地背景、音乐选配、时间变化、进场与退场等主要内容与形式的设计创编，最后形成完整的设计创编框架和方案。本章从团体操创编原则、表演结构与高潮安排以及创编程序入手进行讲述，使学习者能够清晰、全面地掌握设计创编团体操的基本技能。

第一节 团体操创编原则

一、思想性与艺术性相统一

（一）鲜明的思想性

所谓思想性，就是说一个（或一部）团体操，其本身应具有一定的意义和明确的作用。例如为什么要创编这个团体操，它要表现、反映什么，为什么要表现、反映它，其意义是什么，作用如何，对这些问题必须明确。团体操表演必须有鲜明的思想性，也就是团体操本身的政治思想内容和政治标准。团体操所表现的主题思想应积极向上、催人奋进，为人民服务，为社会主义精神文明建设和物质文明建设服务。

一个单位或一个学校进行团体操表演，往往是为了配合重大节日的庆祝活动、纪念活动、国际体育活动，以及春、秋季运动会，或为丰富学生生活开展多种体育活动而进行团体操表演。总之，无论大型、中型或小型的团体操，也无论是重大题材或一般题材，甚至是专为表现体操技能和技巧的团体操（这种题材应是常见的），均有其内在的思想性。

（二）高度的艺术性

当团体操的内容（即题材）确定之后，就要为创编出内容和尽可能完美的艺术形式相统一的团体操而努力。

提高团体操的艺术性，要运用现实主义和浪漫主义相结合的创作方法处理好以下几个方面的问题：内容与形式的统一；动作、队形的继承与创新；艺术风格的确定；音乐、美术、舞蹈（包括背景画面、道具、服装、表演场地）和体操的有机结合等，使团体操较好地发挥它应有的作用。

（三）思想性与艺术性统一

思想性是指团体操表演中所体现的思想意义。一部成功的团体操首先要具有鲜明的思想性。如果徒有艺术性而没有鲜明的主题思想内容，就会使表演变得华而不实，起不到教育作用。

在创编中除了要有鲜明的思想性之外，创编人员还需要用具体的手段表现出抽象的主题思想，必须有能表达思想内容的具体动作、队形图案以及其他艺术手段。创编人员需要用艺术手法去组合这些因素，使团体操表演的内容和手段富有吸引力，令人赏心悦目，使其能产生最佳的视觉效果和良好的效应，有效地吸引和感染观众，给人以良好的感觉，给人留下深刻的印象。团体操设计首先要符合上述基本要求，否则主题思想内容就不能很好地展现在观众面前并深刻地被观众所感受。

二、民族特色和时代精神相统一

（一）浓厚的民族特色

每个民族由于受不同的自然条件和社会条件的制约，必然形成自己独特的语言、习俗、道德、思维、价值和审美观念，从而形成该民族特有的文化。民族精神是民族文化最本质、最集中的体现。在五千年的历史演进过程中，中华民族形成了以爱国主义为核心的团结统一、爱好和平、勤劳勇敢、自强不息的伟大民族精神。作为一个民族漫长历史的积淀与升华，这种精神已经深深地融入我们的民族意识、民族品格、民族气质之中，成为中华民族悠久历史文化的灵魂。我国的团体操，不论是反映我国人民的政治生活、经济成就，还是表现体育技能、技巧，从表演的艺术形式来讲，都应具有我国的民族特色。动作队形和图案的设计、服装道具的选择、音乐旋律、和声、配器的调式，都应突出我国的民族特色。即使是在我国举行的国际体育活动中表演的团体操，同样应突出我国的民族特色。

（二）创新的时代精神

时代精神是一个社会在最新的实践中激发出来的，反映社会进步的发展方向，引领时代进步潮流，被社会成员普遍认同和接受的思想观念、价值取向、道德规范。它是一个社会最新的精神气质和精神风貌的综合体现，是一个时代的人们在文明创建活动中体现出来的精神风貌和优良品格，是激励一个民族奋发图强、振兴祖国的强大精神动力。时代精神也反映了一个时代人类社会发展变化的基本趋势，并已成为世界绝大多数国家和人民的共同心愿、意志和精神追求。

（三）民族特色和时代精神统一

这一原则要求创编人员在设计和安排团体操的表现内容与思想内涵时，要把民族特色和时代精神完美地结合起来。使团体操的表现内容和思想内涵既能反映民族风格特点，弘扬民族传统文化，又能体现时代精神，具有时代特征。

在创编中，只有把团体操表现内容与思想内涵的民族特色和时代精神完美地结合起来，才能使团体操表演富有感染力，才能弘扬民族文化，给人们积极向上的精神鼓舞。

三、继承与创新相统一

团体操的创编人员在选用艺术手法时要善于继承、勇于吸收、敢于创新、不拘一格、拓宽思路。要处理好继承与创新的关系，继承即取舍，创新即扬弃。继承与创新是一个问题的两个方面，继承是创新的基础，创新是继承的发展，两者紧密联系，既对立又统一。

所谓继承也就是指对团体操传统表现手法中合理部分的接续；所谓创新也就是传统表现手法向新表现手法的转变。两者之间是内在的既对立又统一的辩证关系。它们相互依存、相互影响、相互作用、相互渗透，并在一定的条件下相互转化。表现为“继承—创新—再继承”的循环往复，构成了团体操表现手法由旧到新的前进过程。

继承不是照搬照抄，而是加以合理的取舍。创新不是离开传统另搞一套，而是对原有团体操表现手法中合理部分的发扬光大。只创新不继承，认为以前的经验和传统已经完全过时，所以不用继承；或者只继承不创新，认为继承就是“原封不动”，完全照搬老经验，对新观念、新办法不愿接受和尝试，这两者都是不可取的。在团体操创作实践过程中，只继承不创新，最终必定使团体操这一艺术形式失去活力，难以为继；而完全抛开传统搞创新，发展就失去了基础。因此，要正确处理“继承”与“创新”的关系，应立足于“继承”，着力于“创新”。继承难在如何合理取舍，对凡是被后人所认可的，被实践证明是可行的，必须毫不动摇地予以继承，反之则舍。但创新是绝对的，发展是无止境的，创新是团体操表演艺术不断向前发展的动力。

在团体操创作中要勇于面对现实、研究探索，想别人所未想，做前人所未做，解决前人解决不了的问题。努力探索人民群众喜闻乐见的新形式、新手法，将适合团体操表演的多种艺术手段融于团体操表演之中，使观众与场内连成一片，空中与地面遥相呼应，达到多层次、全景表演的效果，不断提高我国团体操的创编水平。

四、广泛的群众性

团体操是集体的体育表演项目，参加训练与表演的人数多。尤其是对于大学生来说，他们正处在长身体、学知识的阶段，通过团体操训练和表演，不仅培养了他们的道德品质、集体主义思想和高度的组织纪律性，还使他们从中学到一些文化知识（包括音乐、美术的基本知识），而且对促进其身体的正常发育、提高身体素质也有明显的效果。团体操是广大群众喜闻乐见的一种体育表演形式，思想性强、艺术性高和体育特点突出的团体操表演，能使成千上万的观众受到生动的思想教育，得到美的享受，并鼓舞士气，振奋精神，增强民族自豪感。所以说，一部好的团体操确实可以起到团结人民、教育人民的作用。

五、内容典型、风格独特

任何一部团体操表演都具有相应的目的、具体的任务与要求。根据表演的目的、任务确定好主题思想之后，就应认真考虑团体操的表演内容。主体内容不仅应与操的主题思想一致，而且还应具有典型意义，这样才能使表演具有一定的代表性，使操的主题以最直观、最形象的方式表现出来，通过典型内容增强操的感染力，引起观众的共鸣。团体操表演内容的典型化，主要体现在表演动作、表演队形与图案等方面。因为团体操的表演动作、队形与图案是反映主题思想的主要载体。由于表演的主题思想不同，表演的内容也就各不相同。只有通过具有典型意义的动作、队形、图案，才能更加准确地体现出表演的主题思想。

风格独特是创编团体操应遵循的另一原则。如果一场团体操没有独特的风格，它便成了过眼云烟。既不可能吸引观众，更不会给人们留下深刻的印象。回顾我国团体操的发展史，凡给人们留下深刻印象的团体操表演，都有其自身的独特风格。或是气势宏伟令人荡气回肠，或是表演优雅令人陶醉，或是充满现代气息，或是有浓郁的古典气息，或是民风民俗、地方特色显著。只有内容题材典型、表演风格独特的团体操才真正具有强大的生命力和感染力，才能给观众留下深刻的印象，从而达到表演的目的。

六、表现形式多样，富有美感

团体操是一项集音乐、舞蹈、美术于一体的综合性艺术表演。通常情况下，表演场面较大，参加人数较多，动作内容丰富，主题思想的内涵广泛。在创编过程中应合理运用对比、对称、主从、均衡、参差、比例、整齐划一等形式，采用虚构、夸张等不同的表演手法，形成一个内容与形式和谐统一、艺术完美并富有创意的作品，使表演五彩缤纷、生动形象，令人耳目一新。队形上不仅要遵循传统经典的变化规律，又要大胆创新，巧妙运用大面积的聚散与合理的队形穿插，以最小的移动获得最佳整体变化效果。在注重整体效果的同时还应使局部表演具有相对独立的意义。处理好虚构与写实的关系。运用虚构激发人们丰富的想象，动作写实以直观形象的方式生动地体现表演的意图。在创编时除了充分运用人体运动的表现形式外，还应综合运用与表演主题思想一致的其他艺术形式，如音乐、美术、服饰、色彩配合等不同形式，以烘托气氛、深化主题。在创编时还要注重团体操的美感。“美”应贯穿于整个团体操表演之中，要使团体操表演做到形式美、艺术美、精神美、运动美、内容美。团体操表演既是对美的一种展望，又是美的教育和熏陶。通过团体操的表演、观赏，可使表演者与观众在思想上进行沟通。观众通过对鲜明、生动、形象的艺术表演进行欣赏，在愉悦中接受美的教育。表演者在接受塑造健康形体美的教学训练中，也受到了锤炼意志品质的审美教育。

七、突出体育特点，全面锻炼身体

任何一种体育运动的目的主要都是增强人民的体质，团体操当然也不例外。团体操虽是集体育、音乐、美术于一体的综合性体育表演，但以体育形式为主，因此，必须强调它锻炼身体的意义和效果，其他艺术形式（音乐、舞蹈、美术）只是起辅助作用。所以，团体操一定要区别于大型歌舞、舞蹈等。就团体操动作而言，它本身就有锻炼身体的作用，是增强体质的一种手段。团体操运动以徒手体操、轻器械体操、艺术体操、技巧运动等为主，以舞蹈为辅，当然，根据主题的需要，团体操中加入一段或一场舞蹈表演也不是不可以。因为团体操是属于体育范畴的一个表演项目，是一项群众性集体体育表演，所以团体操创编要突出体育性特点。

团体操要单独完成表现重大题材和思想性较强的内容的任务是有一定的局限性和困难的。所以，团体操表演中可以采用其他一切可以采用的艺术手段来充实自身以共同配合，只有这样才可能完成好表演。但是在采用其他艺术手段时必须注意突出体育特点，如果运用或处理得不当，就有可能使团体操表演改变性质而失去体育表演的意义了。

创编时应尽量使表演动作编排得能全面锻炼身体。因为广大表演者在较长一段时间的训练过程中还要接受多方面的锻炼，其中一个重要的方面是增强表演者的体质，这一点是不能忽略的。

八、展现学生与学校风貌

高校团体操将体育项目与文艺内容相结合，以体育内容与体育动作为主，通过体操、健美操、啦啦操、舞蹈等形式，将这些形式依照一定的构思与创意进行组合，反应特定的思想主题。大学生作为参与演出的一分子，其参与团体操训练与表演是出于自身的兴趣爱好，在参加训练的过程中，大学生的体魄得到锻炼，协调性、配合性都得到提高，整体的组织纪律性得以提高，通过团体操表演能够展现大学生以及整个集体的风采。因此在团体操的创编过程中，应当充分展现当代大学生的青春风采，当他们的风姿得以很好的展现时，他们也会更加热情地投入团体操的训练与表演之中，从而有效提升团体操的表演效果。

一个高校的团体操水平与高校本身创编团体操的能力有着密切的联系，团体操在很大程度上是校园文化的一种体现。团体操通过不同的动作编排、图形展示、音乐、道具、背景等展现了校园的风貌，因此在进行团体操创编的过程中，应当充分融入高校自身的特色，赋予团体操以高校独有的烙印，让人在过目不忘之余，还能对高校本身有更深层次的了解与记忆。

高校举行团体操是为了为接下来的运动会加油鼓劲，是运动会开幕式不可或缺的一部分，它所具有的艺术性、观赏性、表演性对整场运动会开幕式的举办效果有着十分重要的影响，反映了主办方的精神风貌。因此，团体操的创编要对高校的特色加以充分考虑，创作出具有艺术特点的高校团体操。

高校团体操通过艺术表演的形式向大家展示了学校的精神风貌，同时也是学校综合实力的一种体现。团体操的演出规模以及团体操中所展示的艺术水平、文化水平、体育水平都是学校软实力的综合体现，而团体操的顺利进行更是学校管理能力的表现。团体操训练需要大量的时间，要耗费大量的人力与物力，不但需要创编者对整个表演以及训练过程进行科学、合理的策划，更需要管理者与组织者组织持之以恒的训练。团体操涉及的人员众多，要使训练有效率、有质量，必然要与高效的管理相结合。

通过团体操表演，高校所具备的综合实力能够得以全面的展现，也能让人对高校拥有更为深刻的印象。

第二节　团体操表演结构与高潮安排

一、团体操表演结构

团体操表演结构是指一部大型团体操作品或是一场团体操表演内容的顺序。合理安排结构的目的是对零散的素材进行筛选，经过合理的布局，使它们组成一个有机的整体，使表演的内容有层次、有重点、有高潮地表达主题。如果说主题是全操的“灵魂”，那么结构就是全操的“骨架”了。在团体操创编中，在明确表演的主题思想之后，就应把在学习和调查中所获得的丰富素材加以选择并按照团体操表演的结构加以安排，它是制订表演方案的基础。由于团体操是通过动作、队形变化、图案造型等形式反映主题、表达内容的，因此决定了团体操更适于表现气氛性、情绪性强的内容，而不适合表现复杂的故事情节、人物感情变化和戏剧性的矛盾冲突。表现手法一般是形象的、象征性的、浪漫主义的粗线条和大效果。在研究确定团体操的表现形式时，必须紧紧地抓住上述特点，仔细、反复地进行研究，做到艺术想象上的具体化。团体操结构的内容一般是：多场操的场次安排；一场操的开始与结束（包括入场和退场）；段落与过渡、主题队形图案与一般队形图案的变换、高潮的安排及操的艺术风格的确定；有些操还包括背景画面的安排与使用。大、中、小型团体操的结构是有较大差别的，其中也有许多共同点。就差别来讲，由于不同题材的差异、场次的多少、动作与队形的特点和变化，甚至有无背景画面等，均有许多不同之处。所以中、小型团体操绝不能单纯地从表现形式上模仿大型团体操的结构，而应根据本身的特点安排结构。如一场表现体操技巧的轻器械艺术体操，它不是要表现什么重大的题材，而是表现人的健美与体操技巧的难度，给人以美的享受。因此，从结构来讲，就不需要安排主题队形图案、大规模的入场与退场、过分复杂的队形变化，而应着重于表现动作的技巧。这类操虽也有入场、退场和中间段，但中间段可为一段体，平铺直叙，结构简洁，不需要大的跌宕起伏。要类似独幕剧的结构，而不是多幕剧。这类操也可不安排退场段，即表演完主段形成高潮时，队形不再变化，而是多次重复某一动作（或一组动作），待观众退场后，表演即告结束。这里还需谈一个问题，即突出操的艺术风格。这不仅能更好地突出主题，而且有利于表达操的感情与情绪。各个操都要有自己的风格，不能雷同。总之，在结构的设计上，既要反对脱离主题和内容的需要而单纯追求表现方法与表演效果，又要反对粗制滥造、标语口号式的形式主义和自然主义的表现方法。

一部大型团体操是由多场次组成的，它的结构是按各场次的先后顺序安排的，通常称为总体结构。

以我国举办的第一次综合性的国际体育大赛——第十一届亚运会大型团体操《相聚在北京》为例，如图 3-1 所示。

图3-1 《相聚在北京》

它的总体结构如下。

第 1 场：欢庆锣鼓。

第 2 场：碧水风荷。

第 3 场：中华武术。

第 4 场：童星闪烁。

第 5 场：体坛英姿。

第 6 场：亚运之光。

在安排整体结构时，要充分考虑各场操的题材和中心思想，合理安排出场顺序。要使各场操能够有层次、有顺序、有重点地从不同侧面表达主题，同时要充分考虑各场操的风格特点，不同风格和特点的操最好穿插安排。每一场操的结构，通常称为局部结构或部分结构。它是按照一场操的内容从进场、分段表演到退场的表演程序与过程进行安排的。如图 3-2 所示。

图3-2 排列模式

结构是否合理，要看它能否将表演内容配合运用各种手段，有层次、有特点、有高潮地把主题展现在观众面前。

二、表演高潮的安排

表演高潮是指经过前期表演的铺垫后，在多种艺术手段的烘托下，场内气氛热烈火暴，主题内容能引起观众的强烈共鸣，能对观众产生巨大吸引力的精彩表演阶段。

一场操中，开始与结尾、主题队形图案、高潮的形成，以及音乐、道具与服装的风格都必须统一。只有做到操的各个方面、各个环节的艺术风格统一，才能把主题表现好。高潮的安排要恰当、合理，不论大、中、小型团体操，如何安排高潮是需要进行推敲的。操的高潮部分，正是点明主题的关键所在，也是操的最精彩之处。高潮出现的时机与分量的轻重会直接影响操的效果。

一般情况下，一部团体操由几个场次组成，每一个场次都由几个段落组成，所以，一场操中的每一个段落一般都有一个小的高潮，每场操的结尾应有一个较大的高潮。在团体操表演中，通常是利用前面几场操的表演人员来辅助最后一场操的表演或共同完成最后一场操的表演，在最后一场操的表演中通常最大限度地利用可利用的各种艺术手段（如动作、队形图案、音乐、背景画面及其他艺术装饰），在最后一场操中形成整部团体操的表演高潮。

第三节　团体操创编程序

一、明确创编的前提条件

（一）了解活动的性质、宗旨，明确任务及具体要求

了解活动的性质、宗旨，明确任务及具体要求是团体操创编的首要前提，是团体操创编中确定主题、选择题材的依据。否则，团体操创编就失去了目标。

（二）明确表演的季节和日期

由于大部分团体操是在室外体育场中进行训练和表演的，所以，表演季节的天气情况对团体操的创编、训练和表演都有很大的影响。在夏季进行表演时，演员的服装可以单薄

一些，而在其他季节表演则要考虑当时的气温，选择恰当的服装。在不同的季节，降雨的情况大不一样，降雨会影响团体操的训练进程。此外，严寒、酷暑、风沙天气都会影响团体操训练。因此，在制订训练计划时要充分考虑不同季节对团体操训练的影响，预留足够的训练时间。同时考虑是否选用防水道具。风力比较大的季节，在道具的选择上要考虑风对道具的影响。此外，在不同的季节，体育场内的光照情况也大不相同，要了解清楚表演季节场地内的光照情况，以便确定表演的时间段及采光方式。

（三）了解表演场地的情况

创编前必须对表演场地的情况进行仔细的勘察，了解表演场地出入通道的数量、位置及每个通道的宽度和高度，表演场地出入通道的情况是编排时安排演员及道具进出的依据。要仔细勘察主席台及四周看台的高度，主席台的高度直接影响团体操队形和图案的编排，主席台及看台如果没有足够的高度，那么编排团体操时就不要选用细腻的图案，否则将不能获得预期的效果。

（四）了解可能参加表演的人数、表演人员的具体条件、可供参演人员训练的时间

创编之前，要了解可能参加表演的人数，表演人员的具体条件，如性别、年龄、身高、技术水平，以前是否承演过团体操，是否有具备团体操训练经验的教师等。这些都是创编的依据。团体操的表演方案要符合承演人员的具体条件，这样表演方案才能顺利实施；如果脱离了承演人员的实际接受能力，到了表演时间还没有完成训练任务，那么再好的方案都是没有意义的。

（五）了解训练场地的情况

由于团体操人数众多，表演中多数依靠集体配合完成各种动作，通过众多演员组成各种队形和图案是团体操必不可少的表演语汇，所以，团体操的训练离不开大的训练场地，如果没有足够大的训练场地，很多内容将无法进行训练。所以，承演单位是否有合适的训练场地也是影响团体操编排和训练的重要因素。如果承演单位没有足够大的训练场地，那么在编排时应考虑设计的方案能够便于切割成几部分进行训练，最后再在大的场地里合成。

（六）进行一些必要的学习、参观、访问

创编前进行一些必要的学习、参观、访问，了解当地的风俗习惯、民族特色、国内外团体操活动的开展情况等，以此作为创编的参考。同时应尽量在团体操创编中有所突破和创新。

（七）了解团体操训练和表演的经费情况等

团体操表演动用的人数较多，服装道具制作费用、人员训练费用、交通运输费用等都会随着规模的大小、艺术装饰的优劣、训练时间的长短不同有较大的不同。了解主办方可

能为团体操表演提供的经费情况可以量体裁衣，避免团体操表演方案的开支捉襟见肘。

二、制订表演方案

（一）理清创编思路

团体操创编是一个综合性的艺术设计过程，是一项较为复杂的脑力和体力相结合的系统工程。设计和创编工作的好坏直接关系到团体操的最终表演效果。主创团队在创编时一定要考虑周到、细致，力求表现手法巧妙、新颖。因此，在着手创编前，首先要统一认识、理清思路，明确创编的内容和风格。每一位创编人员头脑中都有一系列的创编元素和想法，如何确定和实现要进行梳理筛选。主要有以下因素。

动机：即能够引起创编者创作兴趣或激发创作激情的触发点。

主题：主题是团体操的灵魂，即创编者想要如何表现、取得什么样的效果或展示的内容等。

形象：即活跃在创编者头脑中的集体动作、队形与图案、旋律、色彩、服装、背景等场面符号因素。

视点：即创编者从哪个角度、以何种手段去贯穿以上三个因素，理清创编思路。

以上因素对创编者从整体思路上把握团体操的创编内容和表演风格起决定作用。然而，创编思路不仅仅是一部团体操的设想，还是一种构思的主观想象。对一部团体操进行总体构思，还要依据表演的任务、客观条件等实际情况进行设计和创编。

（二）明确创编依据

团体操的形式多种多样，规模可大可小，大到世界性和全国性运动会开幕式团体操和文体表演，小至学校的庆典活动或运动会的团体操表演。所以，对团体操的总体构思与创编，一方面，要依据表演的目的、任务和要求来选择主题思想，确定表演方案；另一方面，要依据表演的任务和表演人员情况（人数、性别、年龄、身高等）、场地（室内、室外、运动场等）、经费和训练时间等客观条件来确定表演规模的大小、场次多少、创编内容、动作难度以及服装、道具、背景、音乐等艺术装饰的综合运用程度。

（三）确立主题思想

主题思想是总体构思时首要思考的内容。不论是大型还是小型团体操，都有其明确的主题及鲜明的思想性。因此，主题思想是团体操的灵魂。每一场操都有它的中心思想，它是根据主题思想确定的，主题思想是通过各场操的中心思想来表达和烘托的，而中心思想又是决定一部团体操的内容、风格特点及表现形式的关键所在。因此，主题思想一定要明确，它决定着每一场操的内容及表演形式，为队形与图案、动作创编、场景布置等提供依据。如历届全国运动会的大型团体操和文体表演都有鲜明的主题。这些主题思想均以当时的政治背景为基础，展现了国家建设的辉煌成就、人民的幸福安康、经济的繁荣、政治的稳定，歌颂民族团结、友谊等主题。小型团体操的主题思想内容同样精彩丰富、积极向上。例如学校的校庆活动、运动会的团体操表演，从一个侧面反映了学校生活，展现出学生舞动青春、勤奋学习、奋发向上、刻苦锻炼、勇攀高峰、立志做国家建设的有用人才等主题内容。

（四）选择表演题材

题材是表现主题的内容基础，是主题的具体表现形式。题材内容是团体操表演的材料，即团体操具体表现的生活事件或生活现象。只有选择恰当的题材内容，才能集中和鲜明地凸显与展现主题思想。题材的选择要符合团体操的特点，便于用团体操形式来表达；选择的内容要少而精，避免内容烦琐；要适合表演者的年龄、性别、训练水平、人数及场地等具体条件。题材具有多样性，但选择题材时要注重典型性和可行性。典型性是指选择最能反映主题思想的典型事例。在创编时需要观察或体验社会生活，从中汇总提炼出典型材料作为题材。可行性是指选择的题材要能被团体操的表演手段表现出来。如学校举办运动会一般会选择学生锻炼身体的素材，像整齐划一的广播体操表演，既能表现学生的健康茁壮成长、幸福快乐生活和组织纪律性强的主题，又能通过队形图案与其他艺术装饰手段来表现主题。所以这一题材具有可行性，常被视为首选。选择题材要进行总结和提炼，根据主题与要求进行“去粗取精”式分析，切合实际地从中选择具有代表性，最生动、最深刻，又适合团体操表演的素材。可用于团体操表演的素材是大量的、丰富的。一种题材可以选择多种素材，如“我健康、我快乐”的健身锻炼题材，可以用健美操、轻器械操、球拍操、游戏表演等多种素材内容。在选择了某个素材后，通过对主要内容的选择（包括主要动作、队形图案等），以及服装、道具、音乐、背景等艺术装饰手段的综合运用、提炼加工，形成鲜明的表演艺术风格，彰显和丰富主题思想。

（五）确定整体结构

团体操的整体结构是指构成团体操各个部分的搭配和排列，一般可按场次顺序来安排。其目的在于把零散的材料组成一个有机的整体，使它有层次、有重点、有高潮地表达主题。内容主要包括以下几个方面。

1. 划分场次，明确每场操的命题和中心思想

场次的划分一般应当依据题材内容的特点和表演人员的特点而定。场次划定后应明确这场操的命题和中心思想。所谓中心思想，是指一场操的内容所要反映的中心问题，它是在总的主题思想的统领下确定下来的，使每一场操有明确的目的和方向；否则会导致表演内容零乱，观众抓不住中心。明确了中心思想，就为分段安排一场操的内容、确定表现形式提供了依据。

2. 确定每场操的表现形式和风格特点并安排场次顺序

一部大型团体操是在总的主题思想的统率下，由各种内容不同的操组合而成的。因此各场操根据不同的内容应有不同的表现形式、风格特点。每一场操都要有自己独特的地方，

以给观众留下难忘的印象，避免千篇一律，没有特点。根据不同场次操的内容和风格特点来确定场次的表演顺序，使整部团体操形成合理的结构，有层次地表现主题，并形成整个团体操的风格特点。

3. 按每一场操的部分结构分段安排内容

每一场操的结构称为部分结构，可按一场操的表演过程安排出场次序。

进场：是一场团体操表演的开始，根据一场操的中心思想和内容，决定以什么样的形式、队形、路线、动作和步伐进入表演场地开始表演。

场内表演：是表演的发展与高潮的形成，将一场操的内容具体地分成几个段落，调动多种手段有层次、有高潮地展现主题，是一场操的核心部分。

退场：是表演高潮的余波和一场操的结束，每场操的退场要起到承上启下的作用。

4. 初步确定音乐风格、背景内容、服装道具及其他艺术手段

根据操的风格特点明确相应的音乐风格特点，音乐的风格特点与场内操的风格特点有紧密的联系，能使观众的视听一致，更鲜明地突出主题。例如，男青年表演的操，音乐要雄伟、壮丽、生机勃勃；女青年表演的操，音乐要轻柔、优雅、明快动听；而传统的武术动作表演则以民族音乐为主调。轻松活泼的音乐节奏较快，深沉的音乐节奏较慢。背景内容也应与场内的表演协调配合，利用其特点点明主题。背景虽然经常与场内表演相配合，起陪衬作用，但在某种特定场合中也可以起主体表演作用。要根据团体操的中心思想、风格和人物特点选择合适的表演服装和道具，使表演更生动形象，内容更丰富。

5. 确定点距、表演人数、表演时间及采光方式等

确定点距。由于团体操表演人数众多、队形变化频繁甚至经常组成复杂的图案，为了有效地规范演员的间隔和距离、便于队伍保持整齐、引导队形的变换及复杂图案的组成，在团体操表演的场地上设置了标记，这种标记叫作“点”。点与点之间的距离叫作点距，点距的不同直接影响团体操的编排。

以散点队为例，点距大的场地需要的人数要少于点距小的场地。由于一部团体操由多个场次组成，每场团体操都必须在同样规格的场地上表演，而演员的年龄、身高各不相同，所以点距的确定应该充分考虑不同表演人员的身高。如果点距过大，则队伍过于松散，没有气势；点距过小时，成年人表演时会感到拥挤，同时会浪费人力、财力。一般常用的点距是 2 米～ 2.5 米之间。

确定表演人数。确定人数的方法为，分别计算各场表演需要的人数、背景表演的人数，分别计算出各场表演中不同年龄、不同性别演员的人数，最后计算出整个团体操表演需要的演员总人数。确定团体操的表演人数直接关系到团体操的经费预算，也关系到训练前承演单位的筛选与落实。在团体操的表演中，往往通过合理的安排使演员可以在不同的场次承担不同表演任务，这样可以节约人力、物力。如在最后一场操中往往重复利用前几场的演员进行表演。

确定团体操的表演时间。一场操的时间长度大约在 7 分钟到 15 分钟之间比较合适。时间过短容易导致主题表达不充分的问题；时间过长容易造成表演松散，使观众产生厌倦感。一部大型的团体操一般由 5 ～ 8 场组成，总时长在 1 小时到 1.5 小时之间。

根据场地光线条件来选择表演的具体开始时间及采光方式。团体操表演通常是在能够容纳较多观众的体育场内进行的，要了解不同时间段体育场内的光照情况，尽量避免场地一半在阳光下另一半在阴影里的时间表演，否则将严重影响表演效果，特别是电视转播效果。这时可以考虑在晚上进行表演，利用人工采光，并充分利用灯光艺术烘托气氛，利用夜幕掩护大型道具的进出等。近年来，大型团体操表演基本上都是在晚上进行的。

方案基本形成后，应及时地请示有关领导并广泛听取有关人员的意见，以便不断修改与完善，进而定稿并写成文字材料。

三、分场设计

分场设计是指根据总体方案对各场操的内容、结构、风格、表演人员、道具等的设想，具体创编出每场操的队形和动作。由于团体操是一种广场体育艺术，表演时距离观众较远，场面较大，表演者的动作变化只能视为一种点的变化，只有队形变化方能产生大场面、大效果的线和面的变化，因此，无论是单场还是多场团体操，分场设计往往都先从队形设计入手。

（一）队形设计

队形设计的程序是，首先在白纸上构思出能体现该场操主题内容的画面队形（包括入、退场），经审定后，把画面图加工后画在坐标纸上，成为可供教学训练参考的实施图。

（二）动作设计

动作设计是在已设计好的队形上创编表演动作，包括定位动作。把创编好的动作写成文字说明，绘制成动作简图，以避免遗忘及供日后教学训练时使用。

四、绘制队形图及编写文字说明

分场设计的工作程序完成之后，就要将它们落实成文字材料，以便实施，这也是留作他人借鉴的宝贵资料。

（一）绘制队形图

绘制队形图是指在团体操创编过程中，将表演者从入场、入场后的队形及其变化和退场队形的具体布局与变化的方向、路线，按表演场地的大小和场上基本标志点的距离缩小比例，详细而准确地画在统一要求的坐标纸上。其意义在于便于创编人员了解队形的布局和组成各队形的人员分配是否合理；确定和计算队形变化的路线及所需的节拍，作为今后团体操训练的依据。

绘制队形图之前，必须明确坐标图所示的方向与位置。通常以主席台方向的观众为主要目标绘制队形图，要标明表演场地的大小及场上标志点的间隔、距离及其序号，以利于统一要求，便于工作。主席台在下方正中间的位置上，表演场地上基本标志点的间隔、距离均为 2.4 米，横排上由左至右站 18 人，纵行上由前至后站 12 人，散点队形上的人数为 18 × 12=216 人，四方框内即表演场地的面积。场内表演的每一个队形及其变化均应在框内进行。当然特殊情况例外，如大型团体操的结束部分（或称尾声）往往由全体表演者进入场内表演，加之大型道具、大图案，因此常常向四周扩展。绘制队形图的目的如下。

①便于落实表演人数及单位的表演位置。

②显示表演队形、图案与表演场地的比例关系。

③落实队形、图案的变化方向、路线、距离及其具体位置。

④根据队形变化的路线、距离，计算变化队形时所需要的拍节与时间。

⑤可发现问题，以利于及时修正。

⑥可作为实施训练的依据并留作资料。

绘制队形图的方法：在统一规格要求的坐标纸上，用火柴棍蘸红、蓝（或黑）墨水，在坐标纸的小方格上印标记（即打点）。若人数不多，也可以用铅笔或彩笔在坐标纸上印标记。每一个标记代表一个人，每一个队形都需要画一张图，并在坐标图的左下角，以一个小区（或一段、一组）为例，用箭头标明每个人在队形变化时所经过的路线及将要到达的位置。这样，前一队形如何变成后一队形便一目了然，如图 3-3 所示。

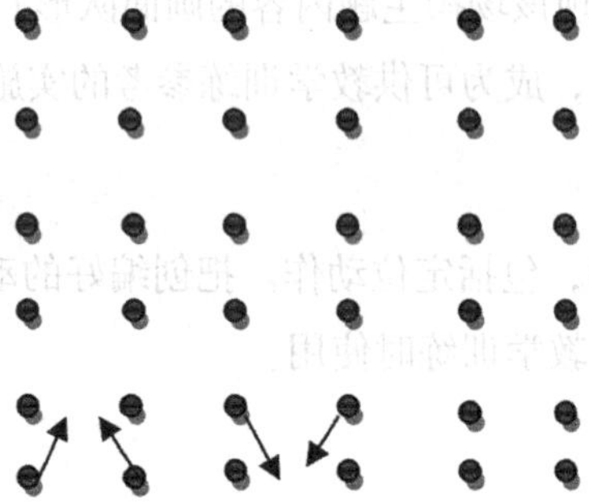

a

b

图3-3 队形图

一般来说，需要绘制的图纸有以下几种。

1. 表演场地布局图

表演场地布局图是标示场地布局安排的图纸，其作用是清楚地标明场地内各种固定舞美造型的位置，标示出演员可以活动的场地范围、各个通道、场地内坐标的规格和范围等，它是进行分场队形设计的依据。表演场地的布局是进行分场设计时各场都必须依据的场地条件，它限定了演员进退场地的通道，限定演员在表演场地组成队形和图案可使用的场地范围及队形变化可以使用的通道等。

2. 演员入场前集结位置示意图

演员入场前集结位置示意图的作用是标明表演前每个参演单位演员集结的位置。一般来说，每场表演的演员都同时使用多个入场通道，每一个通道可进入演员的数量和队形应在图纸上标示清楚。

3. 入场路线、队形变化调度路线、退场路线示意图

入场路线、队形变化调度路线、退场路线示意图的作用是标明各场次演员入场、移动距离较大的队形位置变化及退场时经过的路线。

4. 队形及图案的准确坐标图

绘制准确的队形图是将表演场地按比例缩小在坐标纸上，按照表演方案规定的坐标区域和坐标点数量、点距先画出坐标覆盖区域，并在坐标区域四周标明横、纵坐标点的编号。每张队形图的坐标号不可错乱。

图纸的方位为，靠近主席台为前，远离主席台为后，左、右以演员面对主席台时的方位来定。如果在场内安放了大型道具，要在坐标纸上画出准确的位置。

团体操队形图完全可以在电脑上利用绘图软件绘制，其优点是便于修改、便于复制，利用绘图软件可以准确地清点图纸上绘制的人数，绘制效率高。如果使用坐标纸制图的话，通常用 1 厘米的距离代表一个点距的距离。在队形及图案的准确坐标图上，1 个人用 1 个点表示，有多少人应画多少点。男女生最好用两个颜色加以区别。队形的位置、形状、大小、距离要准确。

5. 队形变化过程标示图

在团体操表演中，巧妙多变的队形变化和绚丽多彩的各种图案是团体操表达中心思想、点明主题的主要手段之一。在团体操的创编和训练过程中，无论是编导之间关于队形变化技巧的研究，还是编导向教练员介绍队形变化的过程和训练方法，都离不开对队形变化过程的标示与说明。队形变化过程标示得清楚与否直接关系到教练员能否准确地按照编导的意图有效地组织训练。采用科学有效的队形变化过程标示方法，不仅有利于团体操复杂队形变化技巧的研究与交流，而且能有效地简化复杂队形变化过程的训练。

针对简单的、规律性强的队形变化过程，一般采用箭头标示演员移动位置和方向的标示方法。如一个散点队形变化成密集纵队的过程，其方法是演员先从 1 至 3 报数，变化时，报 2 数的演员不动，报 1 数的演员移动到报 2 数演员的前面，报 3 数的演员移动到报 2 数演员的后面。

如果一个图案是划分区域进行变化的，那么每个区域队形变化的路线、方法相同时，示范性地绘制某个区域的队形变化图即可；如果队形变化的方法不同，则均应绘制，不可省略。

这种方法对于标示那些变化简单且规律性强的队形变化过程简便有效，但是对于一些复杂的队形变化过程，如果采用这种方法就很难进行有效的标示。比如，在团体操队形变

化中经常采用“突变”的方式快速组字或组成复杂图案，在这种队形变化的过程中，演员的移动路线复杂，并且没有明显的变化规律。如果用箭头标示出每一名演员的移动路线和位置，那么标示后的图纸会一片混乱，可读性很差，不利于导演之间、导演与教练员之间的交流，不利于对变化方法的讨论和改进；由于标示复杂也不利于训练的顺利进行，特别是在训练中出现的错误不易被发现；对于替补演员来说，快速掌握某一个人的变化路线和位置也比较困难。在这种情况下，可以采用分组编号并用辅助线辅助标示的方法。

采用这种方法，每一个队形变化的过程要在两张图纸上进行标示。首先，在第一张图纸上进行分组并标示出每组的序号，然后对组内的演员再进行编号。其次，在变化后的队形图上标出每个组的位置及演员的编号。最后，找出在队形变化过程中演员之间相对位置没有变化、变化不大、有变化但有规律的部分并用辅助线连接；同时在第一个编号队形图上找到这部分演员，同样用辅助线连接起来，用辅助线连接的这部分演员在队形变化过程中是被整体考虑和使用的。用辅助线连接起来的这部分人的移动方向和路线用一个箭头标示在第一张图纸上，只需要标示出基准排中的排头演员或基准人的移动路线和位置即可。此外，还可以用辅助线标示特定位置或队形上演员的来源和顺序，方法是先在变化后的队形图上找出有规律排列的部分演员并用辅助线连接起来，然后在第一张图纸上找到这些演员，将这部分演员也用辅助线连接起来，用以标示在变化后的图形中有规律排列的那部分演员的构成、来源和顺序。

用编号标示队形变化过程的优点体现在以下几个方面。

第一，简洁清晰、便于交流。编号标示方法用数字对每一名演员进行了编号，这样能够清楚地标示出每一名演员在第二个队形上的准确位置。采用演员编号和辅助标示线清楚地标示出了变化过程中被整体移动的演员部分，同时清晰地标示出了变化过程中第二个队形上特定部分演员的来源和顺序，便于读者了解编排者设计队形变化过程的思路和变化的方法。编号标示方法只标示基准人的移动路线，不标示其他演员的移动路线，其他演员的移动路线参照基准人的移动路线，这样能使队形变化图纸更简洁清晰。

第二，便于复杂队形变化的训练。在队形变化训练中，复杂的队形变化往往是训练中的难点。这是因为演员的变化没有统一的规律，在这个过程中教练必须逐个查找演员在第一个队形中的位置并按照箭头标示的位置进行引导，费力且容易出错。而采用编号标示方法后，复杂队形变化的训练已经不再是困难的训练内容了，教练只要引导基准人定位，其他演员只需要按照图纸上的编号依次移动，按照规定的顺序和间隔站位就可以完成变化，极大地提高了训练效率。

第三，便于检查出现的错误，便于替补人员快速掌握变化路线。采用编号标示方法，演员在每个队形上的位置都可以很方便地查到，有利于检查出训练中的错误，特别是对于帮助替补演员快速熟悉变化路线及其在各队形上的位置有很大作用。

（二）编写文字说明

此项工作就是将一场操的入场队形、场内表演的每一个队形以及退场队形上的每一个动作的做法、拍节、规格与要求等按表演顺序，以文字与图示相结合的方法一一编写出来。它是各场操的表演者统一动作的依据。在编写文字说明之前，应先将动作所在队形的示意图附在上面，以表明是在什么队形上的动作。表演动作的文字说明是教练员进行训练工作的教材，也是全体表演者统一表演动作的依据，因此应认真、细致地做好这项工作。编写动作图解及文字说明时通常按场、按段来写。

在团体操实际编排训练中，往往时间紧、任务重。而动作说明的编写需要耗费较大的精力，为了节省时间、提高效率，有时可以采用录像的方法将事先编排好的动作记录下来。这时动作说明的重点是对动作的细节和关键环节的说明和要求，如做动作时演员的面向等。

第四章 高校团体操队形与图案创编

在团体操表演中，队形与图案是整体表演过程中的一个主要内容。团体操的队形是表演者（包括服装、道具）在表演过程中，利用其空间与时间，通过合理、巧妙而有规律的变化所组成的各种活动的、立体的画面，它具有一定的思想性、艺术性与观赏价值。对于不同主题内容的团体操，进行队形与图案设计的思路也不同。队形与图案的设计应依据团体操的主题内容而选择相应的变化形式，而形式又能反作用于内容，使之得到更好的表现。因此，我们在进行团体操的队形、图案设计时要有创造性，要推陈出新，要进行细心的艺术加工。

第一节 队形与图案设计的基本原则

一、综合性

由于团体操是一种体育内容与文艺表演相结合的综合艺术，因此，在表演时必须突出其综合艺术性，并以此保证整个团体操表演的大效果、大气势、重整齐等特征。另外，由于团体操的表演场地以运动场（馆）或广场为主，面对的是数以万计的现场观众和更多的电视观众，因此，也必须注意其表演队形和图案设计方面的综合性，以保证整个团体操表演被来自不同地区、有着不同文化背景的广大观众所接受。

现代大型团体操的队形和图案设计综合了表演艺术（体育、歌舞）、造型艺术（舞美场景）等各种艺术形式，并在一定主题思想的统领下将各种艺术元素熔为一炉而形成一种具有体育特色、气势宏大的综合性表演艺术，充分体现了团体操在队形和图案设计上的综合性。

由于团体操在队形和图案设计上的综合性，从而保证了整个团体操表演能以丰富的内容、多变的形式和众多的演员、宏大的规模，多方位、多层面地向观众进行展示，显现出一种异于寻常的气派。而且能由此营造出热烈、充满激情的气氛，并使之紧紧萦绕着观众，从不同角度牵引他们的视线、调动他们的情绪，最终使表演者与观众之间形成双向沟通，乃至融为一体。正因如此，团体操给人留下的印象往往与常见的文艺演出迥异，其艺术魅力亦即所产生的综合视听冲击力与艺术震撼力非同一般。另外，随着社会的发展，团体操可综合利用的范围将更广，因此，其队形和图案设计的综合性也将更强。

二、时代性

所谓团体操队形和图案设计的时代性原则，是指团体操队形和图案设计应反映其所处时代的精神风貌、人生观、价值观以及整个社会的文化、经济发展状况等，并能给人以理念的启迪和精神的激励。20 世纪 80 年代以前，团体操队形和图案设计多采用歌颂祖国发展成果的表演内容。如第一届全运会《全民同庆》第五场“祖国万岁”的表演，各种队形和图案设计充分表现了“工业大增产、农业大丰收”的表演内容，以体现“全国人民在党的领导下发奋工作，以成果来庆祝新中国成立 10 周年”；在第二届全运会上，各种队形和图案设计充分表现了“人民公社好”“紧握手中枪”“红色接班人”等表演内容。而这些表演内容都在不同程度上体现了当时我国在历史、政治、经济和文化等方面的情况。而在当前这一时期，团体操队形和图案设计开始紧跟当今的时代潮流，大胆突破了司空见惯的单一团体操模式，演出开始大量运用高科技手段。如第十届全运会时，舞台、道具以及灯光、音响是历届全运会大型文体表演中科技含量和制作量最高的一次，极力表现出第十届全运会的主题口号——“体育的盛会，人民的节日”。

第十二届全运会的开幕式取消文艺演出，将表演时间压缩到短短 23 分钟，质朴地还原为 4 个大型群众体育展示项目的时候，所有的人都感到了一种久违了的新鲜。除了展示海洋精神的入场式，还有由 800 名辽宁武警表演的太极扇，各行各业的青年展示的多种形式的健身操、搏击操、啦啦操和竞技操。最质朴也是最新鲜的，是沈阳师范大学的 1000 名女大学生展示的第九套广播体操表演。人们对本届全运会的第九套广播体操的褒贬不一，出乎所有人的意料，这是全运会开幕式首次展示广播体操——中国民众参与度最为广泛的健身项目。网友们纷纷表示“入场音乐好有亲切感”“有种要热泪盈眶的感觉”。还有网友说：“看到直播中的这个全运会的开幕式，其中的广播体操环节好有怀旧感啊，感动中……”

21 世纪的大型运动会开幕式，无不以丰富的声、光、电等高科技手段为衬托，以鲜明的创意手段和新的舞蹈、音乐、美术、电影等舞台艺术为叙事语言，大手笔、大制作、大画面，团体操的特质退隐，与以体育形式为主的团体操表演已经相去甚远。

总而言之，团体操队形和图案设计应具有时代特征，随时代的发展不断变化以跟上时代的脚步。因而在选取素材时应该力求把握住时代的脉搏，使素材有着浓厚的时代气息，这样的素材才是恰当的。

三、民族地域性

每个民族和每个地区都有着不同的经济文化背景，因此，在设计团体操队形和图案时，也应该周全地考虑到这一原则。所谓民族地域性，是指团体操在队形和图案设计上应该体现独特的民族地域艺术风格，使一个民族区别于另一个民族、一个地区不同于另一个地区。

要保证团体操队形和图案设计具有民族地域性，就必须保证团体操队形和图案设计结合本地的民族地域特色。大到每个国家、每个民族，小到每个省份、地区的团体操都应有各自的特色。例如，俄罗斯及一些东欧国家的团体操，在队形和图案设计上以宏大的规模、高超的体操水平震惊于世；而欧美诸国则以先进的科技水平，活泼奔放、不拘一格的形式令人喝彩；朝鲜、日本等亚洲国家的团体操以精湛细腻引人入胜；中国团体操则以构思严谨、气势宏伟、具有丰富象征性的表演内涵和优美考究的图案队形独树一帜而为世人所倾倒。总之，在团体操队形和图案设计上应尽量加入富有民族特色、地方特色的素材。

第二节　场内表演队形与图案编排

一、场内表演队形

点、线、面构成了团体操队形与图案设计的基本形态。由于“点”在团体操队形中有特殊的性质与用法，也就是说创编人员在设计好队形与图案之后，最终要落实到基本点上，所以我们不对“点”的特性做专门描述，仅对基本图案中的线与面进行分类。

其中线的图案包括：直线、弧形曲线、S 形曲线、涡线等；

面的图案包括：方形、三角形、菱形、多边形、花瓣形、圆形等平面图形；

象征性的图案则是指那些具有象征意义的图形和专用符号等。

根据构图的点、线、面基本图案，我们将团体操的表演队形分为如下三种类型，即散点队形、线条队形（直线、弧线）、块状队形（带角、圆形）。

（一）散点队形

散点队形是指以“点”为图案，其间隔或距离相等排列而成的队形。散点队形的取距约为 2.0 米～ 2.4 米，使用中长型道具时一般间距为 3.6 米。如图 4-1 所示。

图4-1　散点队形

散点队形是变化成各种队形的基础，团体操常采用散点队形进行表演，使表演者布满全场，气势大，表演效果好。在散点队形的基础上，可直接变成各种长短直线、弧线、大小圆形和带角队形。

在散点队形上适合于做一致性、整齐性强的动作。由于散点队形变成其他队形十分便利，因此散点队形不仅是团体操表演中的典型队形，而且也是变化成其他队形的基础。散点队形横排与纵队人数的比例一般为 4 ∶ 3 和 3 ∶ 2。

（二）线条队形

线条队形指以纵队、横队或斜排等为“线”的要素排列成的直线或曲线，但不连接成封闭性图案的队形。如图 4-2 所示。

图4-2 线条队形

线条队形是用得最广泛的一种队形，可以单独分割成单路、单列、双路、双列或多路、多列，同时又能将列、路的队形进行长短分割，形成新的队形。这种队形配以波浪动作、依次动作和灯光技术，以中心图案为发射点向四周辐射，可使形象突出、引人注目，对人产生很强的吸引力，有极好的视觉效果。并且还能产生韵律、节奏和由高到低或由低到高的渐变效果。

（三）块状队形

块状队形是指由点、线与面的图案排列或围成的具有某种形状的队形。块状队形主要有带角与圆形队形两种，其中包括空心与实心两种排列方式，常见的如图 4-3 所示。

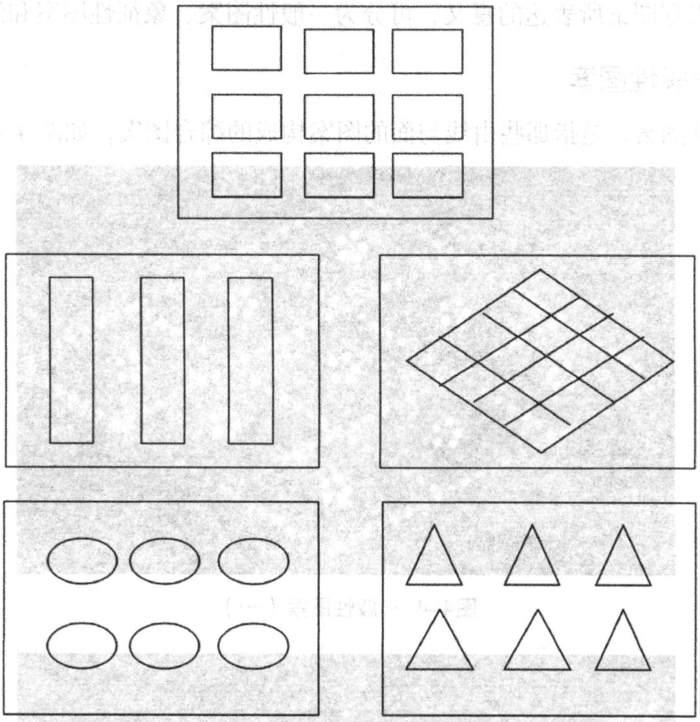

图4-3　块状队形

空心的块状队形可由单层、双层或多层组成。块状队形形态规整，可由散点队形聚合而成，也可由线条队形连接排列组成。带角队形有三角形、方块形、菱形与多角形等。带角队形有棱有角，整齐统一，形态各异。空心的带角队形常由直线队形连接排列而成；实心的带角队形由散点队形聚集或由密集的线条队形变化而成。圆形队形中比较常见的是空心的排列方式，可由散点或带角队形变化而成，由密集的线条队形变化而成则更富有流动感。

在散点、线条与块状队形的基础上，根据表演的需要，将各种队形巧妙地结合起来，重新组成各种较为复杂而又新颖、独特的队形或图案。这类队形多用于某一典型场面或一场操的结束部分，以形成表演高潮，点明主题。要求构图严谨、布局合理、安排巧妙、虚实结合、寓意深刻。这类综合队形的表演必须考虑动作的主次，既要有主体动作，也要有陪衬动作，并将动与静、快与慢、高与低等结合起来交替进行。同时，还应注意安排适当的静止动作，以显示综合队形的全貌。

二、场内表演图案

场内表演的组合队形图案，是将直线队形、锯齿线队形、带角队形或弧形、圆形队形组合形成的多种综合队形。它也属于分割构图的一部分，组合队形图案能使团体操队形产生丰富多彩的变化和新颖奇特的构图效果。

场内表演根据图案所表达的意义，可分为一般性图案、象征性图案和组字图案。

（一）一般性图案

所谓一般性图案，是指那些由线与面的图案构成的综合图案，如图4-4、图4-5所示。

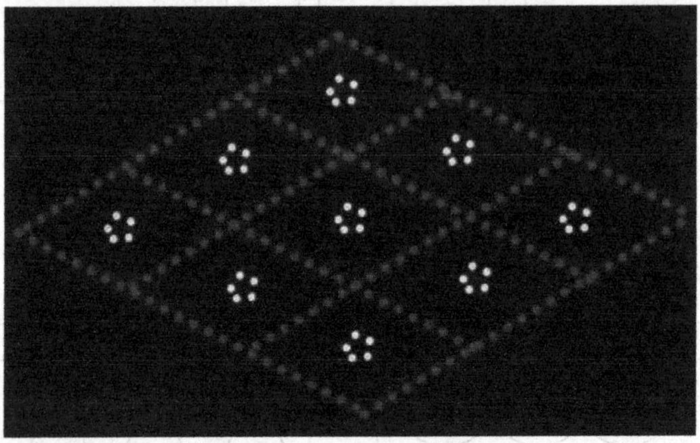

图4-4 一般性图案（一）

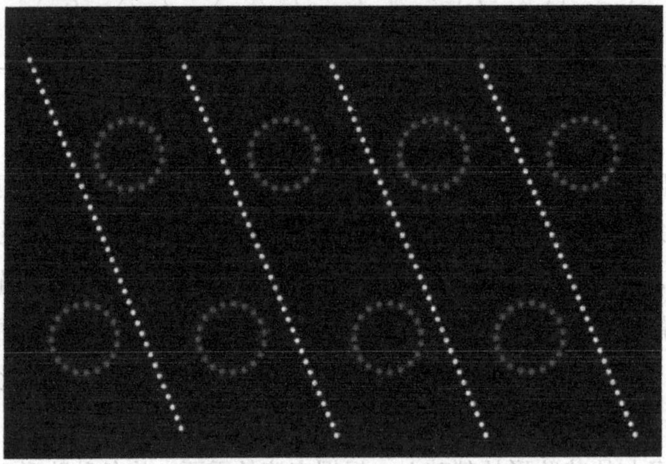

图4-5 一般性图案（二）

（二）象征性图案

象征性图案在团体操中的应用较为广泛，意在通过象征性图案的展示，充分突出团体操本身所欲表现的主题和内容。倒如，通常用五角星与旗帜的队形来歌颂党的领导，用圆形、花朵队形来象征幸福、美好等，如图4-6所示。

图4-6 象征性图案

（三）组字图案

由于组字图案是直接通过组成汉字、年号、英文字母等方式来呈现团体操表演队形和图案的，因此，其表现团体操主题和内容的作用是不言而喻的。当前，许多团体操都会在表演的开始或者收尾阶段采用这样的表演队形和图案，以起到画龙点睛的作用，点明此次团体操的主题。如常用组字与会徽相结合的队形来反映活动的主题等，具体如图4-7、图4-8所示。

图4-7 百年五四

图4-8 祖国70

第三节　队形与图案变化的规律与方法

一、队形与图案变化的规律

团体操队形是团体操表演中最基本的内容，队形将团体操表演中的人划分成各个部分，各部分之间是一个相互联系的整体。队形变化则是团体操表演中最基本的形式。

根据团体操的内容要求，在场面上要构成各种各样的队形与图案，这些队形与图案是靠表演者的移动来连接、组合与变化而成的。所以，没有队形与图案的变化，就不可能有操的表演画面。根据场上表演的人数、基本队形的行数与排数，按照一定的顺序，采用科学而巧妙的方法不断地重新组合，形成各种美妙的队形与图案，以表现出团体操的主题与风格特点。为了不断地探索并设计出丰富多彩、千变万化的表演队形，不断充实、丰富团体操的表演内容，增强其表演效果和艺术性与观赏性，了解与掌握队形变化的基本方法及其各自的变化规律并巧妙地加以运用是十分必要的。

我国不同规模与不同形式的团体操表演以及多年进行团体操教学和训练的实践表明，团体操表演中队形变化的规律基本如下。

队形的基本变化是指从一个队形到另一个队形的过程。怎样使这个过程的距离最短、变化最迅速、图案的变化效果更大，是团体操队形变化努力追求的方向。

根据构图的基本法则，即均衡与对称、对比和视点，图案按垂直、水平、斜角方向进行排列时有如下几个基本变化规律，但根据构图的需要，可以综合运用这些规律。

（一）重复

重复是指一个或数个图案按一定间隔或距离反复排列构成的画面。例如一个直线队形（一个图案），以一定距离或间隔进行垂直、水平、斜角方向反复排列形成的画面；以大圆套小圆队形（两个图案），按一定的距离进行垂直、水平、斜角方向反复排列形成的画面。

（二）连续

连续是指一个或数个图案不间断反复排列构成的画面。例如矩形在垂直、水平与斜角三个方向用可连续的线条连接而成；以两个圆的 1/2 联合排列成的图案（两个图案），反复连续排列构成的画面。

（三）渐变

渐变是指图案以某基准点向某方向逐渐扩大或缩小而产生的画面。例如直线队形向垂直、水平、斜角方向扩大（由短变长）或反之；正方块队形向垂直、水平、斜角方向扩大，可变化为横队线条形、纵队线条形和菱形。

（四）错位

错位是指完整图案中的部分图案在跨越另一个空间时，错开原有的位置（不超过1倍）而产生的画面。例如“S”形图案向垂直、水平、斜角方向的错位变化；三角形队形向垂直、水平、斜角方向的错位变化。它们都可分为1/2、1/3、1/4等不同程度的错位。

（五）转动

转动是指图案或部分图案自转不同角度而产生的画面（仅限水平方向的构图变化）。例如由18人密集组成一列横队，从1至3报数，报2的不动，报1的按顺时针转动135度，报3的转动45度，就形成了“米”字形的画面；两个空套的菱形，其中一个转动90度，就形成了某种花瓣的图案。

（六）放射

放射是指图案以某中心点为原点做双向或多向的向外散开或向内集中而产生的画面。放射是一种特殊的重复，有渐变的特殊视觉效果。例如直线队形以中心人为准，向垂直、水平、斜角方向散开或集中；正方块队形向垂直、水平、斜角方向向外散开，可变为横队线条形、纵队线条形和菱形。如果正方块队形同时沿上下左右向外散开，可变为散点队形。

二、队形与图案变化的方法

队形与图案要根据操的主题而采用不同的方法。队形变化要迅速、自然而有规律，不要打乱基本单位，尽量回原处或保持原来的人数组合，以移动位置小、变化效果大为最佳。当然，为了出奇、出新，全场大移动也是必不可少的。结尾部分不一定要为保持基本单位而影响队形的设计。一般而言，主要有下述四种方法。

（一）合并法

所谓合并法（也称集中法），即将各种分散的、小的队形，根据表演的需要合并为相对集中的、大的队形。通常是由散点、小横排、短纵行、小弧形、小圆形、小的带角队形等有规律地合并成相对集中的大队形或图案。

例如，在队形变化中保持原有的整体队形，一旦合并完成后就形成一个新的更大的队形组合，如图4-9所示；再例如，将原有分散的队形图案收拢为密集的队形图案，如图4-10所示。

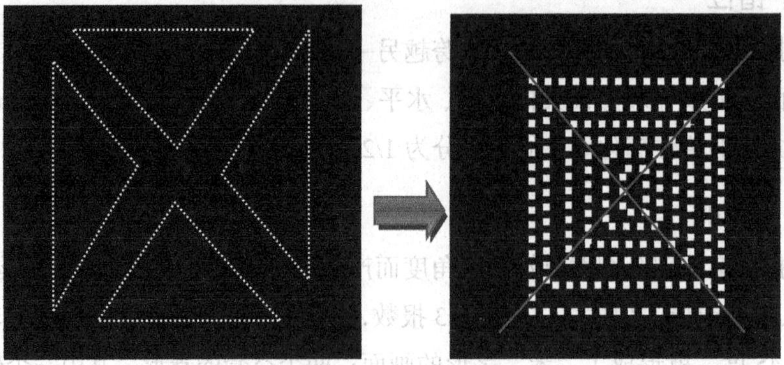

图4–9 合并法（一）

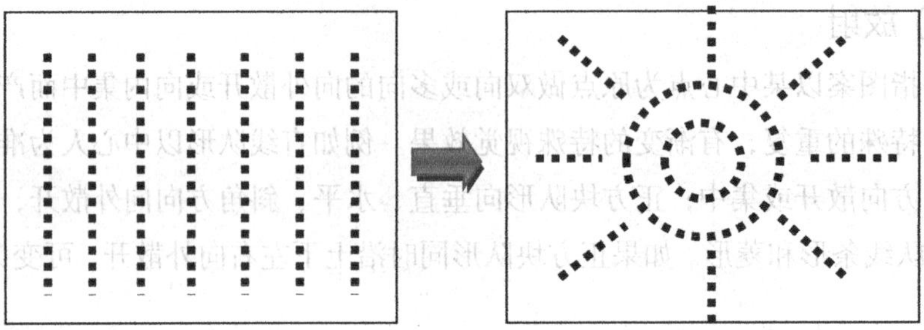

图4–10 合并法（二）

（二）分段法

分段法是指将较长的纵行（单行或多行）、横排（单排或多排）、斜排（单排或多排）等直线队形根据表演的需要将其有规律地分成若干小段进行变化。例如，将纵行变成锯齿形，其方法是，在纵行的基础上由前向后 1 至 8 报数，分成 8 人一组的若干小段；然后 1 数作为基准人不动，2 ～ 5 数分别向右移 1 ～ 4 步（或 1 ～ 4 个标记点），6 ～ 8 数分别向右移动 3 ～ 1 步（或 3 ～ 1 个标记点）；最后，第二段及后面的各段均按第一段 8 人的方法及统一的节拍要求同步进行移动，便可立即变成全场的锯齿形。又如，由横排变成纵行的方法，如图 4-11 所示。

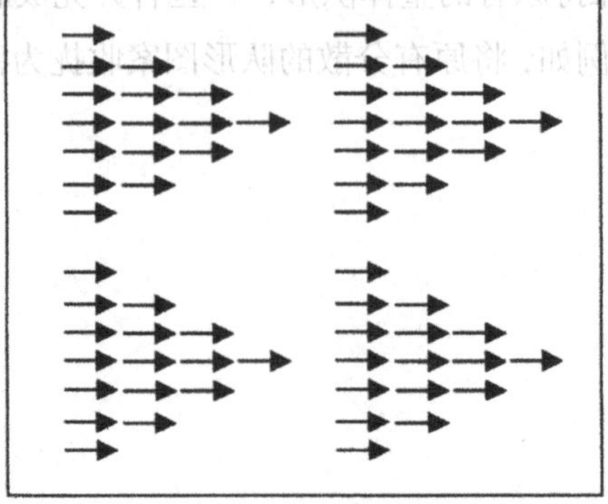

图4–11 横排变成纵行

（三）分区法

在运用分区法时，需要将场内的表演队形分成若干大小相同（或者不同）的区域，在大小相同的各区域内按同一个方法同步进行变化；若区域大小不同，则需按照各自的方法同时进行变化，以在表演场上形成另一个新的队形或图案。例如，将一个实心的队形按照需求划分成若干个区域，每个区域中全体成员均按照规定的站立或全蹲等动作进行整体的上下变化，形成区域和区域之间的对比变化，以达到队形变化的效果。如图 4-12 所示。

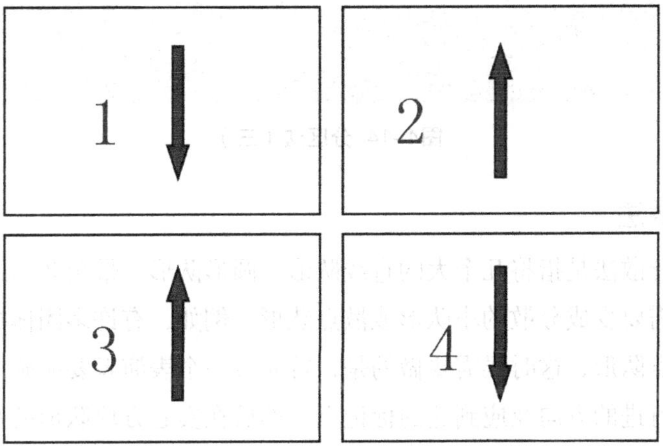

图4-12 分区法（一）

又例如，将一个实心的队形按照需要划分成若干个区域，每个区域中全体成员均按照规定的色彩进行整体变化，形成区域和区域之间的对比变化，以达到队形变化的效果，如图 4-13 所示。

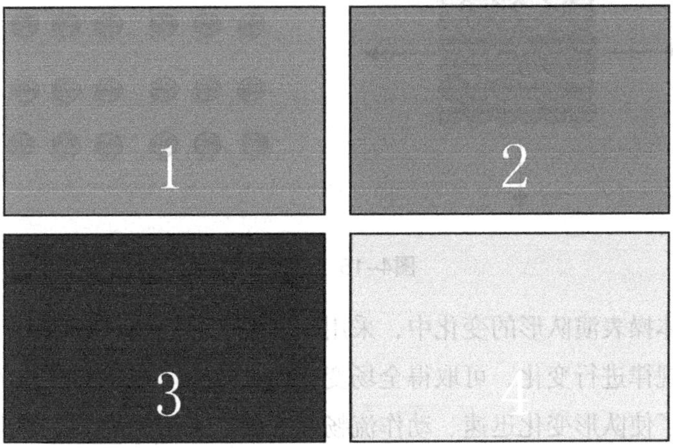

图4-13 分区法（二）

除此之外，将一个实心队形分成若干个区域，每个区域中的全体表演者按照统一的信号完成规定的动作，最终达到整体视觉变化的效果，如图 4-14 所示。

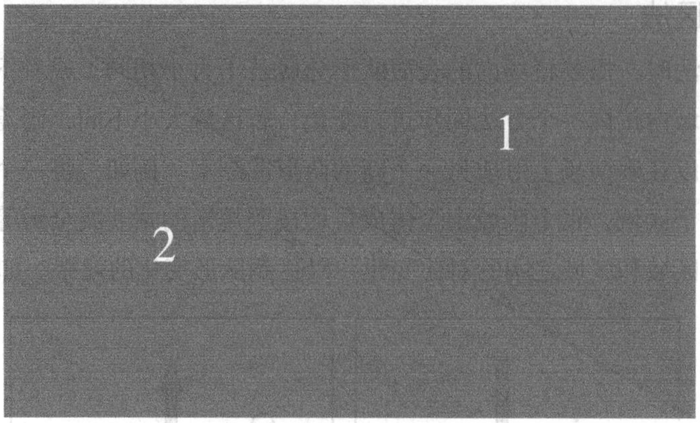

图4-14 分区法（三）

（四）分散法

简而言之，分散法是指将几个大的直线队形、圆形队形、带角队形或大的图案或组字等，根据表演的需要变成分散的小队形或散点队形。例如，有许多团体操表演要求将实心方块队形变成散点队形，这时候需要做的是，首先每一个表演者要明确由方块队形分散成散点队形时自己行进的方向及应到达的标记点，然后在实心方块队形的基础上，从最外层开始，每隔四拍向外分散一层，按规定的路线行进，直至全部到达各自的标记点上，即可形成全场的散点队形，具体如图 4-15 所示。

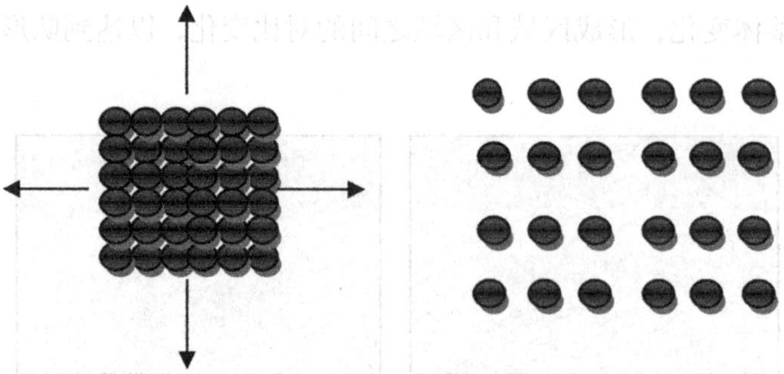

图4-15 分散法

总之，在团体操表演队形的变化中，采用合并法、分段法、分区法、分散法等方法并按照各自的变化规律进行变化，可取得全场变化的大效果。在队形变化的过程中，无论采取何种方法，为了使队形变化迅速、动作流畅而准确，采用基准人、基准点、基准排、基准行以及特殊标记予以提示的方法是行之有效的。针对比较复杂的综合队形或图案的变化，从表演效果与实际需要出发，一般采用直接变化（即突变）或逐步过渡（即渐变）的方法均可。

总之，在实际的团体操表演过程中，往往需要综合运用上述几种方法，采取直接变化或逐步过渡的方法进行，尤其是对于人多且较为复杂的综合队形或大的图案的变化而言。

例如，为了表达歌颂祖国这一主题，在进行团体操队形和图案设计时，如果在整个团体操表演结束之后安排一面巨大的五星红旗在场上“飘动”的话，那么整个表演将会变得气势雄伟、激动人心，收到意想不到的效果。这就需要通过全场的纵队或大横排或方块队形等队形的变化，逐步有序地集中，进而过渡到国旗表演的队形上。

第四节　常见的队形变化与过渡实例

一、散点队形变化成线条队形

（一）散点变横队或纵队

散点变横队，常见的有以下两种方法。

①散点向中间变。例如，散点队形按纵队向后 1 至 3 报数，以 3 人为基本变化单位，报 2 数的不动，报 1 数的向后退并插在 2 数的右边，报 3 数的向前进并插在 2 数的左边，形成密集的横队。

②散点向前、向后变。例如散点队形按纵队向后报数，报 1 数的不动，报 2 数的向前插在 1 数的右侧，报 3 数的向前插在 1 数的左侧，形成密集的横队。

散点变纵队也可按以上方法进行变化，只是移动的方向由前后改为左右。

（二）散点变成斜排队形

以 1 至 3 路为基本变化单位，由散点队形向后报数。第 1 路按 1、2、3 报数；第 2 路按 3、1、2 报数，第 3 路按 2、3、1 报数，第 4 路再按 1、2、3 报数；第 5 路按 3、1、2 报数，第 6 路按 2、3、1 报数，依此类推。每个表演者都要记住自己的号数。当听到变化的指令后，报 2 数的不动，报 1 数的向右后方退至 2 数的右前方，报 3 数的向左前方跨至 2 数的左后方，然后调整斜排并对齐。

二、散点变化成带角队形与圆形队形

（一）散点变成空心方形

将散点队形分成 5 人 ×5 人的若干小区。以一个小区为例，我们可以分为外围 16 人，内围 8 人，中心点 1 人。规定内围 8 人为基准人，外围 16 人有规律地插入即成方形。

（二）散点变成实心方形

将散点队形分成若干小区，以每个小区的中心点为基准，周围的人向其靠拢。如图 4-16 所示。

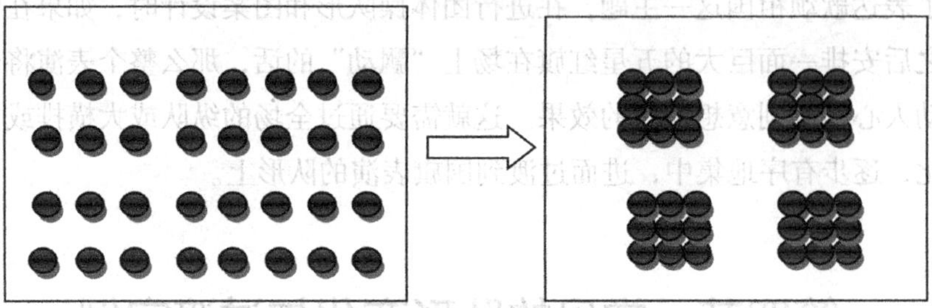

图4–16 散点变实心方形

（三）散点变成菱形

将散点队形分成 4 人 ×5 人的若干小区，以一个小区为例，按散点队形的横队 1 至 5 报数。以第 1 列横队报 2 数与第 4 列报 4 数的人为基准人，规定第 1 列横队报 3 数、第 2 列报 1 数、第 3 列报 5 数与第 4 列报 3 数的 4 个人分别为菱形线的交点，如图 4–17 所示。

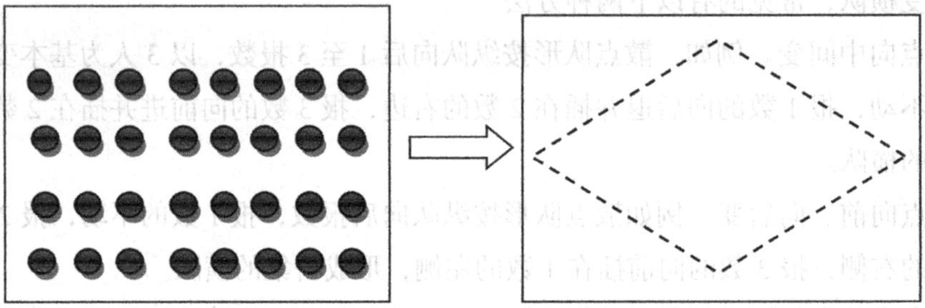

图4–17 散点变成菱形

（四）散点变成圆形

将散点队形分成 5 人 ×5 人的若干方块区。以一个方块区为例，按散点的横队向左 1 至 5 报数。规定第 2 列横队报 3 数、第 3 列报 2 数与报 4 数、第 4 列报 3 数的 4 个人分别为圆形直径的 4 个交点，其他表演者有规律地插入即成圆形。

三、线条队形间的相互变化

线条队形之间的相互变化有以下三种。

①横队变纵队。按横队向左 1 至 3 报数，双数列报 2 数的人向右前插入两列报 1 数的人的中间，单数列报 2 数的人向左后插入两列报 3 数的人的中间，即成纵队。

②密集横队变斜排队形。将密集横队分段成若干小横队并对各小横队的顺序进行编号，单数小横队向前，双数小横队向后，呈“台阶”式错开。然后，各小横队以中间人为定点转动，与靠近的小横队连接并调整成大斜排队形。

③密集横队变锯齿形。根据锯齿形的“梯度”将横队分为 8 人或 16 人一组。在小组中固定两人不动，两端的小横队向后、中间的小横队向前移动，即成锯齿形。密集纵队变

锯齿形也可按此方法进行变化，只是移动的方向由前、后改为向左、向右移动。

四、线条队形变化成带角队形与圆形队形

（一）纵队变菱形

纵队变菱形有两种变化方法。

①同向移动法，即将各路纵队进行 1 至 2 路编号，把纵队分两段，然后单数路小纵队的中间人与双数路小纵队排头与排尾两人基本不动，其他人向同一方向移动即成菱形队形。

②向外移动法，即每两路的中段向外移动，排头与排尾靠拢。密集横队变菱形也可以按照以上方法进行变化，只是移动的方向由向左、右移动改为向前或后移动。

（二）横队变方形、弧形、圆形

横队的变化方法一般有以下三种。

1. 横队变方形

将横队分段，在每一横队上确定两人为基准人，由每列横队两边的人向中间呈“关门”式移动即可形成方块队形。

2. 横队变弧形

规定中间 1 人作为弧形的顶点，变化时该人不动，两边的人向前围成弧形队形。如果变成两个弧形，只要同时规定两个中间人即可（把横队分成两段），其他变化方法相同。

3. 横队变圆形

根据横队围成圆形的多寡不同，变化的方法不一样。如果一列横队只围成一个圆，由横队的排头与排尾分别带头，在规定圆心外由两端向前向内即可围成圆形。如果一列横队要围成两个圆，可将横队分为两段，每段中间两人带头，分别向前向内围成两个圆形；也可以由横队两翼带领，分两段在规定圆心外分别向前向内围成两个圆形；还可以将横队按顺序报数，报单数与双数的人朝反方向围成两个圆形。

所有由一列横队变成一个圆形或两个圆形的方法都适用于由二列横队变成圆形的情况，只是变化时的移动方向不同，或圆的个数多一倍。例如，由二列横队围成一个圆，可使两列横队的中段向外移动，排头与排尾靠拢围成圆；由二列横队围成两个圆，可由各列的排头或排尾带领，分别在规定圆心外围成圆形；围成 2 的倍数圆，可将一列横队分成 2 的倍数段，然后分别由排头或排尾带领，分别在规定圆心外围成圆形。

同样，当团体操队形要求由三列横排变为三个圆形时，就需要分别向这三列横排的人员明确各自的变化方向，每列横排在排头人员的带领下迅速地移动到规定的位置，并依次按照单列横排变为圆形的方法进行队形变化。

五、带角队形间的相互变化

带角队形间的相互变化主要有以下三种。

第一种：密集实心的大方形变成组合队形。使大方形每个边的中线相连，然后使四个三角形分别向场地四角移动，变化成组合队形。

第二种：密集实心的大方形变成四个小三角形。将大方形沿对角分为四个小三角形，然后每个小三角形分别向场地四边移动。

第三种：密集实心的大方形变成块状组合队形。以横中线为基准线，将大方块形分为上、下半区。然后小方块形就近移动，线条形按路或列进行有秩序的排列。

六、圆形队形间的相互变化

（一）一个空心圆变成两层同心圆

在圆的周长上按顺序报数，报单数的向圆心移动成内圆，报双数的向反方向移动成外圆，如图 4-18 所示。

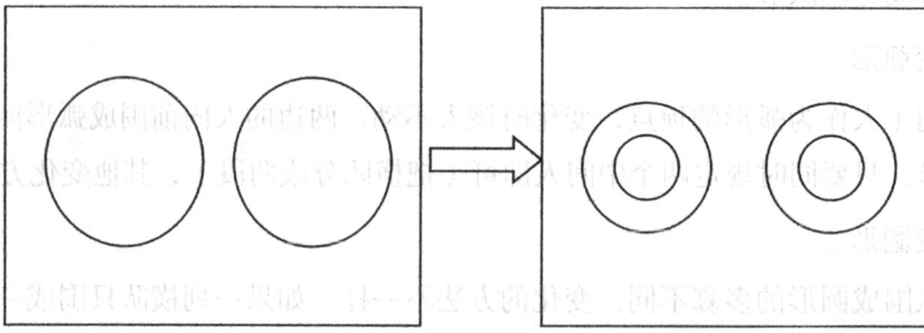

图4-18 一个空心圆变成两层同心圆

（二）一个大圆变成若干个小圆

根据要变化的圆形多寡，对周长进行对应分段。如一个大圆变成四个小圆，就把圆周长分成四段弧形，各段弧形按规定的圆心围成四个小圆，如图 4-19 所示。

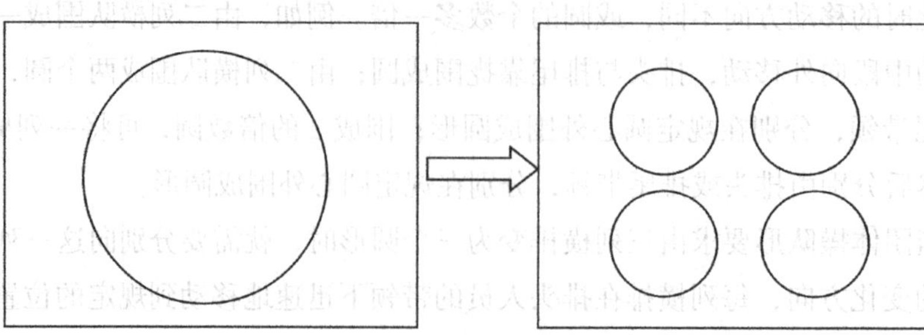

图4-19 一个大圆变成若干个小圆

七、圆形队形、带角队形变图案

（一）圆形变花形

根据花瓣的个数，在圆周长上进行分段。然后规定各段的中间人为各花瓣的弧点，其他人向中间移动即成花形图案，如图 4-20 所示。

图4-20　圆形变花形

（二）圆形变五角星

把圆周分为五个弧线段，然后每个弧线段的中间人带头向圆心方向移动至规定的点即成五角星图案，如图 4-21 所示。

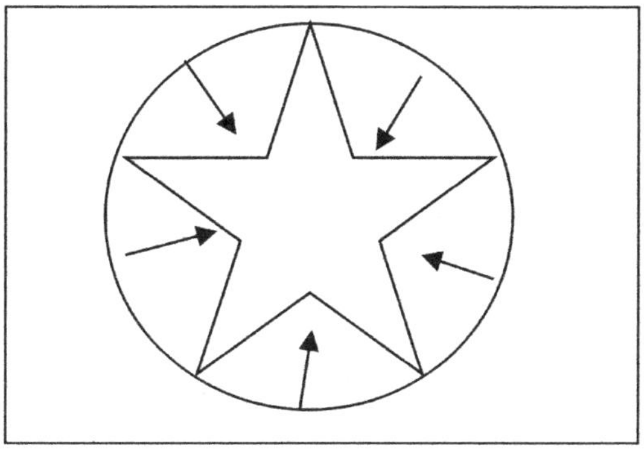

图4-21　圆形变五角星

总之，为了达到团体操的表演目的，可以根据团体操的主题内容和风格选择队形。轻松、活泼、优美的操，可用圆形、扇形等造型或弧形、曲线等；刚强有力的操，以整齐的队列及见棱见角的大斜排、尖角、锯齿形队形等为宜，要用粗线条的大队形，这样起伏明显、气魄大；天真活泼的少年儿童表演，最好用小队形，路线变化近、活泼、变得快，避免用大队形或大斜排、菱形等不易看齐的队形；还有反映具体内容的象征性队形，如五星、齿轮、花坛等。

设计队形时要根据表演人数及演员在表演场上所站的行数与排数科学而巧妙地予以安

排。所有的队形及其变化都应将场上表演人员合理包容进去，以保证场上画面的完整性。为了妥善解决人数与队形、队形与队形之间的关系，设计队形时应在统一规格要求的坐标纸上绘制队形图，以便分析、检查队形变化的可行性、合理性、规律性、艺术性以及变化的具体方法和所需要的拍节及画面的效果。

要掌握各类队形的不同特点与动作之间的相互关系，使“动”“静”互相辉映，各种图形精彩纷呈，寓变化于整体的和谐统一之中。在统一中又突出各自的显著特征，使成套动作展现出生动性和完整性。

第五章　高校团体操的表演动作创编

团体操的表演动作是指表演者在灵活多变的队形上，通过各种动作表演表现主题思想内容，借以达到团体操表演目的的一种手段，是构成团体操表演的最基本要素之一，同时也是团体操创编中的重要组成部分。团体操表演中动作编排的好与坏，将直接关系到表演效果。虽然在观众眼中，最先看到的是团体操的队形与图案，但是在场面上构成这些队形与图案，并使这些队形与图案产生动态变化效果的最重要因素就是每个表演者的动作。可以这么说，没有动作就没有队形与图案，也不会有队形与图案的变化，更不可能有团体操的表演画面。因此，在团体操编排之初就需要对团体操表演的各种动作进行编排。本章主要从高校团体操的表演动作创编方面进行了简要阐述。

第一节　动作创编的素材与处理

一、动作创编的素材

（一）各种常用步伐

步伐多用于团体操表演的入场、退场以及表演中的队形变换。主要有走步（齐步走、正步走等）、跑步（快跑、节奏跑、后踢腿跑等）、舞蹈步（跑跳步、踏跳步、变换步等）。

（二）徒手表演动作

徒手动作主要指徒手完成的由身体各部位相互配合所构成的动作形式。徒手动作是团体操表演的主要素材，是道具表演动作的基础。常用的徒手动作主要以健身健美操、武术、舞蹈和模仿动作等为动作原型。这些类型的项目既可以独立编排进行表演，又可通过提炼、加工组合成丰富多彩的徒手表演动作。

徒手动作的表演形式包括全体一致做、对称做、交替做、依次做等。密集大方块队形中整齐一致的徒手动作，给人以气势恢宏的视觉感受；若是在各种纵队、横队、圆形上做各种波浪式动作，也会形成波澜壮阔的动人场面，另有一种表演效果。在不同队形上进行集体配合动作，是团体操表演的一个主要特征。

（三）道具表演动作

道具的运用是为了更好地表现团体操的主题思想，丰富表演动作内容与形式，提高表演水平和效果。团体操创编中通常运用各种道具来烘托主体，装饰和点缀队形，使表演动作和队形图案的变换构成艺术的妙境。

（四）造型表演动作

造型表演动作是指单人、双人或者多人共同协作完成的各种静止、平衡和托举动作。这类动作结构巧妙，造型美观，效果好，能使整个表演场面趋于完整壮观。

上述几类动作是创编团体操时经常使用的表演动作素材，创编时要根据团体操的主题思想和队形图案以及表演的形式，深入现实生活，加工提炼，不断创新，以形成具有特色的表演动作，丰富团体操的表演内容，达到更高的水平。

二、动作创编中各要素间的关系分析

（一）主与次关系

在各个因素间的逻辑关系中，结构因素、主题因素与队形图形因素为主要，音乐、服装道具、灯光舞美以及解说词等因素为次要。有关动作创编的制约因素中也有主次关系之分。主题因素决定着动作创编的素材选择和来源，动作是为了更好地表现主题而创编的；动作是依附于队形的变换来进行表演的，团体操首先印入观众眼帘的是队形的变换表演，如果说团体操中队形是骨，那么队形上的动作则是血肉，所以动作的创编离不开队形因素的制约。因此，在动作创编的制约因素中，主题因素与队形图形因素占据着重要的制约地位。相对于这两个因素而言，其他几个因素在动作创编的过程中所占据的比重相对主题和队形图形因素来说略小，所以处于相对次要的地位。上述因素对动作创编的制约作用都是不可小觑的，但在运用和制约方面还是有着重中之重和主次之分的。

（二）前与后关系

制约因素之间也存在着前后关系，结构因素与主题因素的关系是结构在前、主题在后，一场完整的大型团体操，要在进行结构的构架设计之后再进行主题的安排。主题因素与队形图形因素的关系是主题在前、队形图形设计在后，主题是一场团体操的核心，队形图形的设计要严格依据主题来进行，队形图形的设计是为表现主题内容而服务的，所以主题与队形图形是一对前后关系。

队形图形因素与动作创编也是一对前后关系，先有队形图形的设计后有依据队形图形创编的动作。团体操表演最先让观众感知的是变化的队形与图形，但动作是构成场上队形图形动态变化的核心因素，因此动作的创编也要依据主题及队形图形来进行，以达到团体操动作表演动态鲜活的效果。

在间接因素中，学生条件因素与动作创编也形成一种前后关系。学生条件因素在间接制约着动作的具体创编难度，学生条件因素在前，只有在了解学生的整体状态和基础后，才能对动作进行具体的创编，以创编出在学生接受能力范围之内的动作，这样才能在最终表演中达到最佳表演效果。

（三）补充与完善关系

在所有制约因素中，主题因素与队形图形因素占据主导地位，而音乐因素和服装道具因素是对动作创编在主题和队形图形因素制约下的补充与完善。音乐能够增强动作的表现力、突出动作的彰显性，从听觉方面给人一种冲击。而在动作的创编中，又需要根据音乐中的感情进行理解化创编，创编出来的动作要与音乐相融合，创编出的动作要体现音乐的情绪变化。而音乐则对队形和动作起到烘托表演气氛、抒发感情、突出主题的作用。音乐是动作表演的指挥信号，使观众对表演达到视觉与听觉的统一。所以音乐因素是动作创编依据主题、依据队形图形的补充和完善因素。

服装道具因素在整个表演中起到艺术装饰以及补充完善的作用，通过服装可以展现团体操的主题、增添表演色彩、渲染表演气氛等。服装在一定程度上起到了道具的作用，通过利用服装色彩可增强队形的图案变化，也在动作创编中增加了动作表演的层次感。

三、动作创编的原则

（一）围绕主题

一场团体操在围绕主题进行表演时可分为主题表演动作、衬托表演动作、背景表演动作等。主题表演动作的选择应建立在充分表达主题思想的基础上，起主导作用。运用时可以在使用道具或造型动作中选择幅度起伏大、变化多、动作简单易学、效果好的表演动作。同时要结合队形和表演者的年龄、性别、做操能力等特点来选编。

衬托表演动作的选择应建立在陪衬的基础上，起着辅助表达主题的作用，运用时不可喧宾夺主。中小型团体操中常常采用大彩旗、大横幅、彩带或者利用观众头上帽子的不同色彩进行表演。因其与其他形式的团体操背景表演有较大的区别（经费或人员不足），故在选择表演动作时应力求相对稳定、整齐不乱。

（二）依据动作特点

团体操表演动作特点大体可以划分为原地、行进间、造型三类。原地表演动作在选用时可从单人原地表演动作、多人原地组合表演动作、图案上原地表演等主要方面考虑。其中单人原地表演动作在选择时应考虑动作幅度大、效果好、动作简单易学等因素。多人原地组合表演动作选用时应考虑静态与动态之间变化明显、对比度强、表演效果好的动作。图案上原地表演动作选择时应考虑图案造型特点、能充分展示图案效果、动作简单、幅度大等因素。行进间动作多以步伐、跑跳结合手臂（道具）动作来完成队形图案变化。造型动作以平衡、托举和叠罗汉为主，大多是静止形式，一般在开场、结束、图案和典型队形造型中运用。

（三）符合表演内容

团体操表演在内容上不受限制，由于素材不同，反映主题与风格的内容多种多样，常见的有体育类动作表演、舞蹈类动作表演、军事动作表演、象征性动作表演、专用器械动作表演等。

体育动作是团体操普遍采用的表演形式（如徒手操、队列、武术、技巧等各种类型的体育竞赛动作）。通常选择动作时应强调体育表演特点，选择青春靓丽的健美操和有一定技术难度的体操、技巧、武术等代表性较强的动作，起到鼓舞士气、振奋人心、声威撼人、努力进取、奋发向上的特殊效果。

舞蹈动作同样是团体操创编的侧重点（如民族舞、现代舞等）。通常选择动作大众化和具有浓郁民族特色的动作内容，选择符合本地区、本学校特色的各种舞蹈。舞蹈动作用于集体表演时，要选择有代表性、典型性及简单的、段落较短的，易掌握和容易排练整齐的动作。较为复杂的、难度大的舞蹈动作只能由少数人或技术骨干表演。在设计团体操舞蹈动作时，不能拘泥于表达人物思想感情的表演，而要特别注意表演的大效果、远效果、整体感觉。

军事动作也可用在团体操创编中，有各种队列操练、射击打靶、格斗、飞行员动作表演、通过障碍等。它可反映表演者高度的组织纪律性、时代精神面貌，使表演者在训练中增强体质，形成良好的体态，提高集体主义观念和组织纪律性。

选择象征性动作是为了更好地表达团体操的主题思想，所选动作要紧扣表演的风格和特点。

专用器械动作在团体操创编工作中运用较少，只有在其他队形动作不能充分表现主题与风格特点时，而且在有经费保证的情况下，才考虑采用专用器械表演动作。所选动作必须根据器械设计特点，起到点明主题、增强表演气氛的作用。

（四）注重动作创新

创新是团体操发展与能否表演成功的关键，它包含队形、图案、动作等方面的创新。其中动作创新应立足于清楚表达队形或图案所反映的主题与表演风格，从构图的合理、巧妙、优美、高雅、士气等方面和队形的排列、搭配、变化等方面去选择创新动作。同时依据表演动作素材和创编技巧，巧妙运用表演动作的快与慢、动与静、高与低、虚与实、难与易、大与小、齐与乱等既对立又统一的表现要素，构成团体操创新、连贯、层次分明的动作表演要素。只有合理、有效、巧妙地使各个对立因素相互衬托、相互补充，才能出新、出奇，使各方面达到最佳的表演效果。

四、创编中动作的关系处理

（一）动作的齐与乱

动作整齐划一是团体操表演的一大特点，也是一项基本要求。因此，编排动作时应尽量避免那些不易做整齐的动作，但又不能绝对化，在某些特定的表演情节中，根据不同对象以及不同内容，安排个别不易做整齐的表演动作反而能收到较好的表演效果。

（二）动作的难与易、重点与一般

由于团体操的表演者众多，因此其身体训练水平和技术基础也不尽相同。在人数多、训练时间短的情况下，选编的动作应当容易些，便于收到整齐美观的效果。如果人数较少、表演者又具有一定的水平，动作则可编得相对难一点，使表演更精彩。为了增强表演效果，有时可安排绝大部分表演者在适当的队形上以低姿势做简单的陪衬动作，而选择少数体育基础较好的表演者做难度稍大的动作，以突出重点。

（三）动作的大与小、高与低

团体操表演的特点是人多、场面大，观众离表演场地较远、较高。因此在创编动作时要特别注意选择具有大效果和远效果的动作，如大幅度的挥摆、绕环动作，身体由全蹲至直立或由直立至蹲、撑、卧以及能连成线、形成面的动作等。但是也不要忽略那些小巧灵活又耐看的小动作，因为在大幅度动作的表演中适当配合些小幅度的动作可以使其形成鲜明对比。即使是同一动作也可有姿势高低变化，如直立两臂侧上举和全蹲动作，可安排单数行先做下蹲，双数行则直立两臂侧上举，按照规定的拍节交替进行，虽然动作不难，但具有明显的起伏变化和较好的画面效果。

（四）动作的快与慢、刚与柔

根据表演内容的需要，动作的安排应有快有慢、有刚有柔。快与慢是指表演动作的速度，刚与柔是指表演动作的力度。两者有着密切的联系，与表演动作的节奏和表演情绪直接相关。表现革命激情内容时，多选用快速、刚健有力的动作；而表现抒情内容时，则多用缓慢、柔和、优美而舒展的动作。因此，在创编动作时应注意快慢结合、刚柔相济。

（五）动作的动与静

动与静的表演动作组合编排能使团体操表演的节奏感更为鲜明，表演将会产生一种动静分明的节律美。编排动作时应根据主题思想和表演效果的需要，选择有动有静、动静结合的表演动作组合。运用动与静的编排手法，具体体现在对动作组合的选择和节拍或旋律的分配上。例如，在长时间的动态动作后可选择静态的动作（造型或空拍），也可选择分列、分队和分区域的动与静交替变换动作；在小组合动作中，空拍（静止）或搭拍（一拍两动）也能很好地体现动与静的效果。动态动作是团体操表演中最普遍的一类，常与静态动作结合运用，达到相互衬托、相互补充的表演效果；静态动作常用于各种组字、造型表演中。

（六）动作的虚与实

生活是创作的源泉。创编人员应将现实生活中那些丰富的感性材料予以提炼、加工，以便创编出更多富有代表性、典型性的动作来充实团体操的表演内容，形象生动地反映生活。团体操主要靠队形、动作并配以其他艺术形式等来表现主题。表演中那些形象的队形和具有特定意义的图案以及各种象征性的模仿动作，观众一目了然，可称之为“实”；而有些动作，如倒立、劈叉、下桥、臂侧举或上举等并无特定含义，可称之为“虚”（气氛性动作）。“虚”不可无，在某种意义上“虚”可体现体育的技术水平，只有虚实结合才能使团体操表演精彩纷呈。

（七）动作的一致与综合

团体操表演普遍为一致动作，创编与训练比较容易；而复杂的大场面图形、不同难度动作的组合，以及形成表演高潮的综合动作，创编与训练难度则大得多。不仅要编排寓意深刻的队形图案，把全体表演者合理而精确地安排在每一个不同的位置上，还要让主要位置、次要位置上的表演者在规定的同一个节拍上完成不同的动作，使其有主有次、有动有静、层次分明、动静结合。创编动作时，应努力处理好上述各种关系，使每个动作都尽可能达到其表演的最佳境界。

第二节 团体操动作集体配合方法

一、一致完成动作

一致完成动作是指全体表演者在同一时间和空间内按统一规格完成同样的动作。这种动作多在散点队形、退场时以及综合造型上应用。整齐一致是这种动作的主要特征。一般采取单人示范法、分块、集体领做法进行训练。

二、对称完成动作

对称完成动作是指表演者所做的动作，在身体姿势及动作的方向、路线、幅度、速度、频率和节奏上均为一一对应的关系。可以由表演者双人或集体配合来完成。

如10组搭肩的大横排做一拍一动的侧踢腿：前3拍单数排向左移动3步，双数排向右移动3步；第4拍单数排向左踢右腿，双数排向右踢左腿，就形成了交错的对称侧移和踢腿，使表演有如瀑布流水。

三、交替起伏完成动作

交替起伏完成动作是指表演者按行、排、小组或区域分成单、双数组，在规定的节拍内轮流交换着完成同一组但身体姿势的高低不同或者动静相互衬托的动作。如图 5-1 所示，是将一个散点队形划分成四个区域。

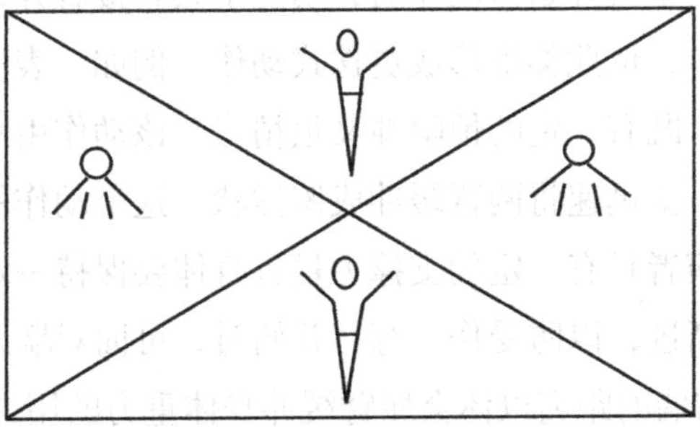

图5-1　交替起伏动作

前 4 拍，在左右两个区域的表演者做站立同时两臂侧上举的动作，上下两个区域的表演者则做下蹲同时两臂侧下举手撑地的动作；后 4 拍互相交换动作，如图 5-2 所示，可以反复循环 2 ～ 3 遍。

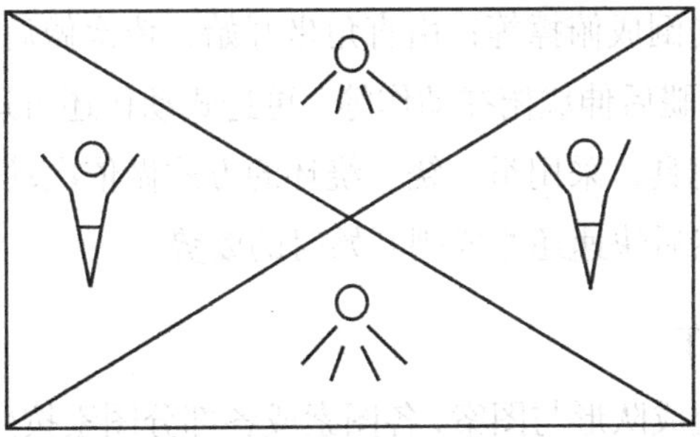

图5-2　后4拍互相交换动作

交替动作有时可高低起伏配合，有时可左右交替进行，使表演层次分明、动中有静，在历届全运会团体操表演中都取得了良好的表演效果。

四、依次完成动作

依次动作是团体操表演中最常见的一种动作表演形式。它可以一个人接一个人地依次进行动作的表演，也可以行、排或组为单位，集体依次进行动作的表演。表演时，它可以从前向后（或相反）、从左至右（或相反）、从中间向两侧（或相反）依次进行。依次动作可以徒手进行，也可以手持道具或在大道具上进行表演。其特点是生动、形象、活泼。依次动作的做法简单，但要求严格，它需要个人之间或集体之间默契配合、衔接紧凑，并在规定的起始与终止节拍内连续不断地完成同一动作，以保证依次动作的连续性和完整性。团体操表演中常见的依次动作有更迭式动作、交替式动作等。依次动作的特征是在不同的时间序列中做相同的动作，它包括以个人为单位或以集体为单位在若干节拍内或在一个轮换周期中完成动作。但可以根据表演内容需要，在若干次的依次动作后节拍加快一倍，使更迭、交替速度加快，可达到很好的表演效果。

（一）更迭式动作

在一个队形上，第一个人开始做动作后，第二个人紧接着开始做同样的动作，第三个人紧接着也做同样的动作，依此类推形成更迭式动作。例如，表演者在密集纵队上表演依次直立前倒成俯撑动作，既有一定的惊险性又很精彩。该动作由直立开始，重心前移，身体前倒，当两手撑地时，要迅速将两臂缓冲成俯撑状。这个动作的难度较一般徒手动作的难度要大一些，要求表演者具有一定的支撑力量且身体要保持一定的紧张度。因此练习时要注意教法步骤，循序渐进，以防受伤。练习开始时，可面对墙站立，两手撑墙练习屈臂缓冲动作；逐步加大人与墙的距离以体会屈臂缓冲身体重力的用力感觉；然后面对厚垫子，练习立体前倒或俯撑的动作，并逐步撤离垫子。

更迭式动作一般采用密集的横队或纵队队形来做，多路纵队或多列横队也按照以上方法进行。动作方向可由排头向排尾做（或相反），也可以由队伍中央向两侧做（或相反）。在放射形图案上做更迭式动作，具有产生光芒的效果。常见的更迭式动作有：由直立开始，依次做下蹲、直角坐、前倒成俯撑等；由直角坐开始，依次做肩臂倒立、仰卧、仰撑等；由蹲、撑开始，依次做两腿后伸成俯撑动作等。更迭式动作还可运用道具做各种依次动作。如手持小旗、小花环等道具，采用举、绕、绕环的方式做依次动作。动作从开始至结束应在规定的节拍内完成，然后快速还原成刚开始时的姿势。

（二）交替式动作

指以某种基本图素组成队形与图案，各图素或各部分图素按照节拍或先后顺序做动作，使之在队形结构的点与点、线与线、面与面等图素中做交替动作以达到画面起伏对比的效果。例如，散点队形分别按横队与纵队的单、双数交替做蹲起动作。如果手持不同颜色的道具做交替动作，效果会更好。面与面的交替动作，可以按面的图素排列成的队形做，如图 5-3 所示。

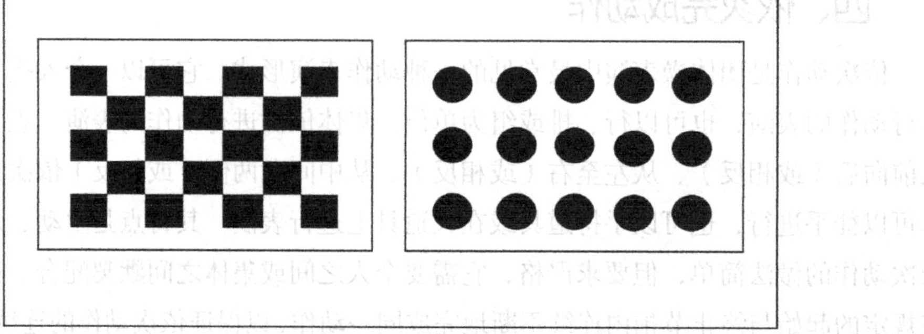

图5-3 面与面的交替动作

如果是一个大的块状队形或图案，可将其进行分区，每个区都可视为一个面的图素。一般来说，分区时应根据等分规则，即路数、列数应一样，形状大小应相同。常见的有如下几种分区法，即按纵队分区、按横队分区、按形状分区。

第三节　波浪分类及原理

一、波浪动作及分类

（一）波浪动作

波浪动作是指集体表演者在各自位置上以不同的姿势协调配合，依次匀速地做着同样的动作，形成波澜壮阔、气势雄伟的场面。波浪动作配以不同的色彩和道具进行表演时可有不同的含义。例如，配以蓝色基调的道具可以象征“大海”；配以黄色基调的不同形状的道具可以象征“黄河”或“麦田”；配以七彩的花束或花条等道具可以象征“百花盛开”；配以各种旗帜还可以象征“旗帜飘扬”等。与此同时，波浪动作在团体操表演中广为应用，不同形式的波浪动作可表达不同的内容，效果明显，深受观众欢迎。

（二）波浪动作分类

有的波浪动作在密集的横队上表演效果明显；有的在密集的纵队、长方队形或圆形队形上表演效果较好。这主要应根据表演内容和所形成浪峰的表演效果而定。常见的波浪动作有横浪、纵浪、圆形波浪。

1. 纵浪

除横浪外，在团体操表演中还存在着纵浪这一形式，其包括摆浪，即表演者手持各种道具进行左右摆动所形成的波浪动作（摆龙）；卷浪，即表演者手持各种道具做体前绕环动作（正面），并配合身体起伏和左右移动所形成的卷浪动作（卷龙）；锯形浪，即表演者保持身体姿势不变，向左、右跑动所形成的波浪动作，横浪中的蛇形浪动作如果移至纵行上进行，效果会更加明显。

2. 横浪

横浪，即上下起伏的波浪，是在团体操表演中表演者利用身体的不同姿势形成的原地上下起伏的波浪动作。在具体团体操表演过程中，其又可以细分为：①滚浪，即利用两臂（手持道具）在体前绕环（正面）并配合身体的起伏所形成的波浪动作；②蛇形浪，即表演者身体姿势不变，向前、后跑动所形成的波浪动作；③旗浪，即表演者在密集的长方队形上，手举组旗用的长条布或其他道具，配合身体上下起伏所形成的波浪动作。

3. 圆形波浪

在团体操表演中，圆形波浪包括立转，即表演者在单圆队形上手持道具背向圆心站立，呈前低后高斜面圆形，并利用身体的起伏沿逆时针方向移动（转动），转动时，圆周上的每个人都要经过圆的前沿最低点、后沿最高点以及两侧的中间点，以形成转动的斜面圆；滚转，即表演者在单圆上背向圆心站立，手持道具呈前低、后高的斜面圆形，通过原地身体姿势及道具的起伏变化，按逆时针方向使整个斜面圆形转动方向（90° ～180° ；270° ～360° ），斜面圆转动 90° 时为左低右高，转动 180° 时即呈后低前高的斜面圆形，转动 270° 时为右低左高的斜面圆形，转动 360° 时即回到前低后高的斜面圆形上。

二、波浪配合方法的原理

波浪动作可根据不同情况进行不同的处理，分组人数可多可少，波浪速度可快可慢或慢中有快。波浪配合方法的原理是将表演者分成若干组，每组中的表演者在各自的位置上以不同的开始姿势站成具有最高点（浪峰）和最低点（浪谷）的波浪形，然后每位演员都按照规定的方向匀速地反复做周期性蹲起、移动、持道具绕环或挥摆等动作，使波浪的浪峰和浪谷有规律地向一个方向移动，并在规定拍节内完成一个循环。

使浪峰和浪谷移动的方法一般有：在原地利用身体的上下起伏形成波浪；利用前后或左右跑动形成波浪；利用道具的左右挥摆或绕环形成波浪；既有身体起伏及左右移动又有道具绕环形成波浪。

（一）预备姿势

我们以 8 人 1 组，1 个 8 拍 1 个周期，在原地利用身体上下起伏形成的波浪为例说明其原理。

1 号人全蹲（最低点）、5 号人直立（最高点）、3 号与 7 号半蹲（中间位）、2 号与 8 号人介于半蹲与全蹲之间、4 号与 6 号人介于直立与半蹲之间。两个浪峰之间由 1 号人衔接，他既是前一个浪峰的结尾，又是所在浪峰的开始人，如图 5-4 所示。

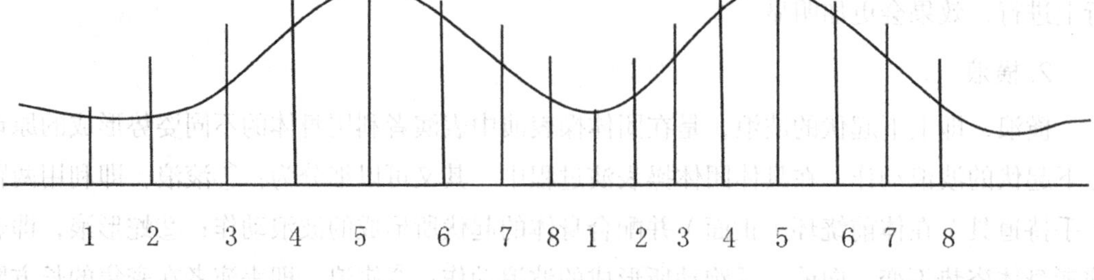

图5-4 8人组预备姿势

（二）动作配合

每个人在不同位置上的不同部位，开始时做匀速的同一动作，经过波浪的最高点及最低点后，返回原来位置的整个过程为 1 个循环。如果是 1 个 8 拍 1 个循环，要求浪峰由 5 号向 6 号方向移动的话，各组每个位置的人员开始蹲起的方向及到达各个高度的拍节见图 5-5。图下方“1 号、2 号……8 号”分别代表人员编号，图中数字代表到达各位置的拍节，“↑”位置代表预备姿势时的位置，“↑”方向代表开始蹲或起的方向。

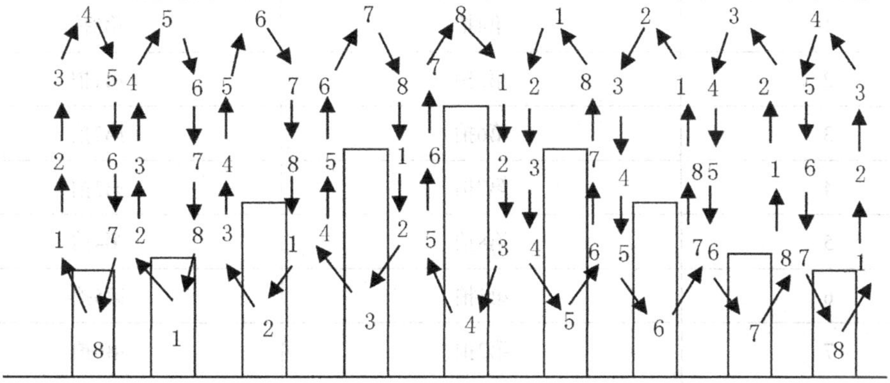

图5-5　动作配合

在做波浪配合时，各位置的人员要记清楚开始蹲起的方向和到达最高点、最低点的拍节。

由上图可以看出，在 1 个 8 拍 1 个循环的配合中：

1 号先向上起，第 4 拍到达最高的直立位置，经直立后再下蹲，第 8 拍回到原最低的全蹲位置。

2 号先向下蹲，第 1 拍到达最低的全蹲位置，经全蹲后再起立，第 5 拍到达最高的直立位置，第 8 拍回到原位置。

3 号先向下蹲，第 2 拍到达最低的全蹲位置，经全蹲后再起立，第 6 拍到达最高的直立位置，第 8 拍回到原位置。

4 号先向下蹲，第 3 拍到达最低的全蹲位置，经全蹲后再起立，第 7 拍到达最高的直立位置，第 8 拍回到原位置。

5 号先向下蹲，第 4 拍到达最低的全蹲位置，经全蹲后再起立，第 8 拍回到原最高的直立位置。

6 号先向上起，第 1 拍到达最高的直立位置，经直立后再下蹲，第 5 拍到达最低的全蹲位置，第 8 拍回到原位置。

7 号先向上起，第 2 拍到达最高的直立位置，经直立后再下蹲，第 6 拍到达最低的全蹲位置，第 8 拍回到原位置。

8 号先向上起，第 3 拍到达最高的直立位置，经直立后再下蹲，第 7 拍到达最低的全蹲位置，第 8 拍回到原位置。

（三）起始方向与路线

图 5-5 中黑色粗线箭头代表 1 至 8 号人的动作起始方向与路线。8 个人到达最高点和最低点的节拍均不相同，如表 5-1 所示。

表 5-1 8 人一组横浪起始方向与路线

表演者序号	到达最高点时的节拍	到达最低点时的节拍
1	第4拍	第8拍
2	第5拍	第1拍
3	第6拍	第2拍
4	第7拍	第3拍
5	第8拍	第4拍
6	第1拍	第5拍
7	第2拍	第6拍
8	第3拍	第7拍

做波浪动作时，要求 1 至 8 号人必须分别记住自己的起始方向、路线及经过最高点和最低点的拍节，并彼此默契配合。只有这样才能保持波浪动作的完美形象，才能形成全场连绵不断、后浪推前浪、波涛滚滚的动人场面。8 个人一组的横浪动作是波浪动作中的一种基本形式，用途广泛。掌握其做法后，可举一反三，广泛用于多种波浪动作之中，如常见的海浪、麦浪、国旗飘动的波浪等。

三、各种波浪配合方法介绍

（一）旗浪

旗浪是波浪中横浪的一种浪形。表演者面对主席台形成密集的长方队形，手举旗布做身体起伏的波浪动作，全场展现出一面壮观的大旗迎风飘扬。

组成大旗的道具有多种，一种是由每人手持一块旗布相互衔接而成，这种道具灵活、轻便又可多用，但组旗时较难衔接，纵横易出现缝隙从而影响表演效果；另一种是手持可以变色的拉花道具，缺点是道具不容易隐藏，优点是可以变换旗子的图案。

经常采用的方式是由与所组旗的长度相同的旗布条组成（在每条旗布的两边都做出表演者手持的标记），由专门人员送入表演场内。如果演员方队有 21 列，则需要 20 条旗布。各列间距如果是 1.2 米，那么旗布的幅宽至少应该是 1.4 米，每侧有 10 厘米供表演者抓在手里。

1. 旗布折叠方法

旗布由两边沿虚线向里对折30厘米，再从中线两边开始向两端折叠，每折宽约60厘米。布条折成方形以后为了便于送布人抱、夹，可将布再进行一次纵向对折。如果旗上有图案，事先要将图案缝制或绘制在旗布上，每条旗布要编号，旗布的先后顺序和方向不可错乱。

2. 旗浪表演配合方法

①场内表演者组成面对主席台的横队，每排 42 人，共 21 排，每人前后、左右间隔均为 1.2 米。如果是组成国旗，一定要按照国旗的比例安排队形的长宽比例

②送旗布。每条旗布由 3 人送入，将已经折好的旗布抱、夹于体侧。送布者按旗布条的顺序，在场外对准国旗位置的中线站成三路纵队。按顺序快速从方队人员的间隙中跑入场内。到达位置后 1 人下蹲将旗布的中线对准国旗位置的中线并固定，其他两人迅速以低姿势向两侧跑动将旗布展开，然后蹲下，不参与旗浪表演。

③举旗。全体表演者两脚稍开，上体稍向右转下蹲，右手小臂外旋抓住自己体后旗布的边缘标记处，左手小臂外旋抓住自己体前旗布的边缘标记处（第一排只有体后的旗布，最后一排只有体前的旗布）。两臂经屈臂上举，同时上体转正，两手迅速将前后的旗布抓在手中，使布条之间无缝隙。这样在表演者头上就组成了一面壮观的大旗。举旗时全体表演者的动作要协调一致，否则容易将旗布撕裂。

④旗浪动作。方法同波浪动作，但动作节奏是先慢后快，即先做 8 拍一个循环的动作后再做 4 拍一个循环的动作。

⑤停旗。从国旗的右翼开始表演人员随波浪动作依次做站立或蹲立。

⑥收旗。旗浪平息以后，每人上体稍向右转，同时左手松开，右手握面前的旗布或两手松开将旗布放地上。

⑦训练方法

a. 先按节拍练会徒手波浪动作，再练举旗动作，最后练整体配合动作。

b. 送旗布人单独训练旗布折叠、入场、向两侧跑动展旗的动作，最后练整体配合动作。

（二）麦浪

麦浪是波浪中横浪的一种浪形。在第 2 届全运会团体操“人民公社”一场中，全体表演者手持象征麦穗的道具，在女高音伴唱下做身体起伏动作，同时再做手臂绕环的波浪动作，较好地在运动场上表现了金色麦浪翻滚的丰收景象。由此将这种做波浪动作的方法称麦浪。在做麦浪配合时，要注意麦穗在头上绕动的方向一定要同浪峰移动的方向一致，不然就不能称之为“麦浪”。其表演方法（以 8 人为 1 组浪峰为例）如图 5-6 所示。

1. 预备姿势

1 号：全蹲道具前下举。

2 号：稍高于 1 号，道具左侧下举。

3 号：半蹲道具左侧举。

4号：稍高于3号，道具左侧上举。

5号：直立道具上举。

6号：稍低于5号，道具右侧上举。

7号：半蹲道具右侧举。

8号：稍低于7号，道具右侧下举。

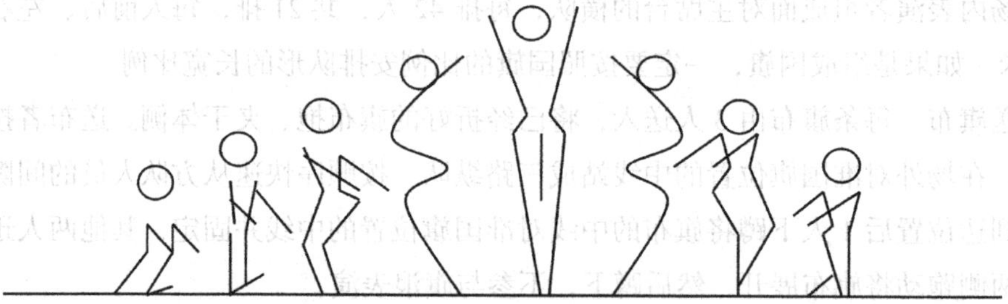

图5-6 麦浪八人组动作（从左到右顺序为1～8）

2. 动作

每人从预备姿势开始，按波浪动作的规律做身体起伏动作，同时手臂按顺时针方向做绕环动作，可以8拍为一个动作循环，也可以4拍为一个动作循环。

麦浪动作训练方法：①以一个浪峰为单位练习手臂动作；②臂绕环与身体起伏动作配合；③全体配合练习。

（三）海浪

海浪是波浪中横浪的一种浪形。表演者面对主席台形成横排队形并布满全场，手持或不持道具，按波浪配合的规律做身体起伏动作，能较好地表现大海波涛翻滚、气势磅礴的景象。动作方法见波浪配合方法。

做不持道具的海浪动作时，每人间隔为40～60厘米。有以下几种做法。

①两臂侧举与左右相邻的人搭肩做波浪。

②两臂绕环做波浪。

③横排侧对主席台，两臂前举轻搭前面人的肩。既可以站立做也可以跪立做，两臂在头上交叉屈臂，与相邻人拉手做肘浪。

（四）摆龙

摆龙是波浪动作中纵浪的一种浪形。表演者手持道具呈纵队站立，每人前后距离为0.8～1.2米。每队从头至尾分成8人或16人1组的若干小组，每组按顺序又分成单数组和双数组。下面以8人一组为例对配合方法进行介绍。

1. 预备姿势

预备姿势详见表5-2所示。

表 5-2　8 人摆龙单数组、双数组预备姿势

动作＼顺序 组别	1号	2号	3号	4号	5号	6号	7号	8号
	全蹲	稍高于全蹲	半蹲	稍蹲	站立	稍蹲	半蹲	稍低于半蹲
单数组	道具右侧下触地	道具右侧下举	道具右侧平举	道具右侧上举	道具上举	道具左侧上举	道具左侧平举	道具左侧下举
双数组	道具左侧下触地	道具左侧下举	道具左侧平举	道具左侧上举	道具上举	道具右侧上举	道具右侧平举	道具右侧下举

2. 动作

我们以 1 个 8 拍 1 次循环为例。

（1）单数组

1 ～ 4 拍 1 号从预备姿势开始，两臂按顺时针方向做匀速绕至左侧下道具触地。2 ～ 8 号也从预备姿势开始，两臂先按逆时针方向匀速绕至右侧下经道具触地后再按顺时针方向绕动。5 ～ 8 拍动作同 1 ～ 4 拍，但方向相反。各位置人员手中道具左右摆动的方向、各拍节的位置、身体姿势等详细内容如图 5-7 所示。

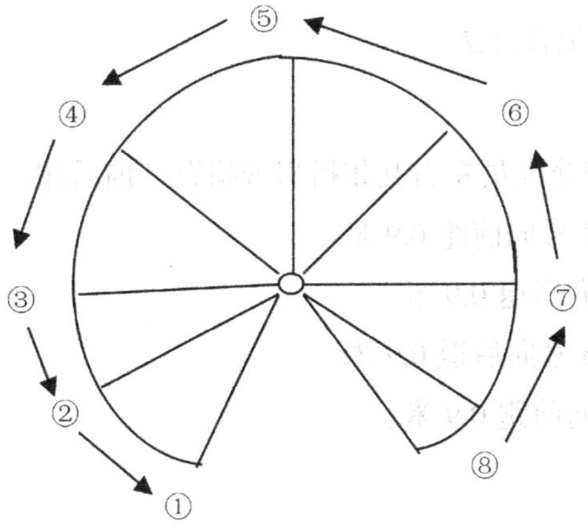

图5-7　单数组

（2）双数组

1 ～ 4 拍 1 号从预备姿势开始，两臂按逆时针方向匀速绕至右侧下道具触地。2 ～ 8 号也从预备姿势开始，两臂先按顺时针方向匀速绕至左侧下经道具触地后再按逆时针方向绕动。5 ～ 8 拍动作同 1 ～ 4 拍，但方向相反。在做动作时两臂 1 拍绕 90°，但动作要连续不可停顿，身体随臂的高低做起伏动作。反复进行此动作即可形成摆龙。各位置人员手中道具左右摆动的方向、各拍节的位置、身体姿势如图 5-8 所示。

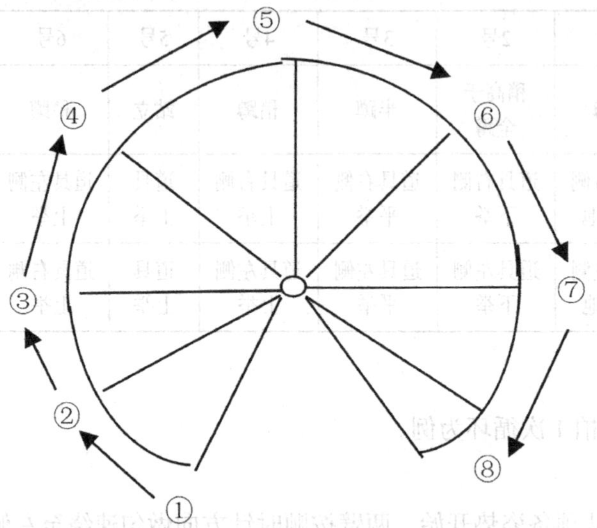

图5-8 双数组

（五）蛇形浪

蛇形浪是波浪动作中的一种浪形，横队和纵队都可以做蛇形浪。下面以 8 人 1 组 1 个 8 拍 1 次循环为例介绍其配合方法。

1. 准备队形

在密集的横队上，表演人员左右互相搭肩或搭臂，前后跑以形成浪峰。

1 号向前跑 1.8 米，2 号向前跑 0.9 米。

3 号原地不动，4 号向后退 0.9 米。

5 号向后退 1.8 米，6 号向后退 0.9 米。

7 号原地不动，8 号向前跑 0.9 米。

2. 跑动的方法

准备队形站好后，每人在自己的位置上按 8 拍 1 次循环（共跑 720 米），每一拍跑 2 步。

1 号后退跑，第 4 拍跑到最后位置，第 8 拍跑到最前位置。

2 号向前跑，第 1 拍跑到最前位置，第 5 拍跑到最后位置。

3 号向前跑，第 2 拍跑到最前位置，第 6 拍跑到最后位置。

4 号向前跑，第 3 拍跑到最前位置，第 7 拍跑到最后位置。

5 号向前跑，第 4 拍跑到最前位置，第 8 拍跑到最后位置。

6 号后退跑，第 1 拍跑到最后位置，第 5 拍跑到最前位置。

7 号后退跑，第 2 拍跑到最后位置，第 6 拍跑到最前位置。

8 号后退跑，第 3 拍跑到最后位置，第 7 拍跑到最前位置。

在做动作过程中，每个人在做动作时要配合协调，左右不可断开。

（六）锯形浪

锯形浪是波浪动作中纵浪的一种浪形。表演者形成 4 ～ 6 路的密集纵队，左右间隔 0.8 米，每排相距 1.2 米，每人两臂伸出与左右相邻的人搭肩形成小横排。下面以 8 排 1 组、两个 8 拍循环 1 次为例。

1. 预备姿势

第 1 排：向右跑动 2.4 米。

第 2 排：向右跑动 1.2 米。

第 3 排：原地不动。

第 4 排：向左跑动。

第 5 排：向左跑动。

第 6 排：向左跑动。

第 7 排：原地不动。

第 8 排：向右跑动 1.2 米。

2. 动作

①用每步 60 厘米的步幅，按 1 拍 1 步的节奏有规律地向左右跑动，上体无其他动作。

②设左边线和右边线（相距 7.2 米），每排从预备位置开始向左（右）跑动至左（右）边线，回跑至右（左）边线后返回预备位置，为 1 次动作循环。

③各排移动的方法。

a. 第 1 排：向左跑动 4.8 米至左边线后返回至预备位置。

b. 第 2 排：向右跑动 1.2 米至右边线返回，向左跑动至左边线返回，向右跑动回原位。

c. 第 3 排：向右跑动 2.4 米至右边线返回，向左跑动至左边线返回，向右跑动回原位。

d. 第 4 排：向右跑动 3.6 米至右边线返回，向左跑动至左边线返回，向右跑动回原位。

e. 第 5 排：向右跑动 4.8 米至右边线返回，向左跑动回原位。

f. 第 6、7、8 排：跑动的距离与 2、3、4 排相同，但方向相反。

（七）圆立转

由 16 人至 24 人站成圆形，手持道具面向外。把圆周等分成高、中、低 4 个固定的方位。主席台前为低位，远离主席台为高位，两侧为中间位。

1. 预备姿势

每个方位中的中间人做如下动作。

高：直立道具上举。

中：半蹲道具前举。

低：全蹲道具前下举。

其余的人在两者之间把高、中、低连成一个倾斜状的圆。

2. 动作

表演者用碎步沿圆周移动，圆的高、中、低位置不变，表演者的身体姿势随着圆方位的高低变化，使圆始终保持倾斜的状态。每人 12 拍或 16 拍转动 1 周。

（八）圆滚转

圆滚转是在圆形上做波浪配合动作，一个圆有一个浪峰。一般是 12 ～ 24 人 1 组站成圆形，手持道具面向外，每人间隔约 60 厘米。采用花条、藤圈、扇子等面状道具能收到较好的表演效果。

1. 预备姿势

每个方位中的中间人做如下动作。

高：直立道具上举。

中：半蹲道具前举。

低：全蹲道具前下举。

其余的人在两者之间把高、中、低连成一个倾斜状的圆。

2. 动作

表演者身体不移动，只在原地按波浪动作的规律做身体起伏动作，使浪峰和浪谷的位置在圆周上移动。浪峰和浪谷可 4 拍转动 1 周也可 8 拍转动 1 周，原理同蹲起浪，反复连续地做此动作即可形成圆的滚动。

第四节　创编表演动作的要求

一、动作要符合中心思想

团体操动作的编排要为表现操的主题内容服务。由于每一场团体操都是为了表达一定的思想内容，因此，团体操的动作必须能很好地揭示操的主题内容，以使编排出来的团体操动作所表现的内容及形式与团体操所力求表现的主题思想和谐统一。对于不同的主题内容，进行团体操动作编排的思路也不同。如当团体操欲表现革命激情内容时，多选用快速、刚健有力的动作；而表现抒情内容时，则多用缓慢、柔和、优美而舒展的动作。所以，在编排团体操动作时应注意快慢结合、刚柔相济。

随着团体操创编水平的不断提高，团体操动作也日渐多样。在具体编排团体操动作的过程中，应以每场操的中心思想与风格特点为依据，动作要符合人物形象、性别和年龄特征。因此动作应具有代表性、典型性，并运用夸张的手法，在形体上、节奏上予以艺术加工，使之更好地反映主题。

二、动作要侧重整体效果

由于团体操表演人员主要是群众演员，表演中注重整体大效果，注重集体配合，所以在创编动作时要考虑动作的难易程度，要符合演员的接受能力，要考虑动作的远效果、整体效果，要选编易于实现整齐划一的动作，这样才能使表演达到预期的效果。在训练中对演员的表情训练也很重要，要从始至终要求演员富有感情地表演。

三、创编的动作及配合要符合队形

一般而言，团体操编排通常从选择队形开始，而后选择适合于此队形的动作。因此，在编排团体操动作时，我们需要考虑动作应符合队形的特点。团体操表演中的任何一个动作都是在不同的队形中进行的。不同的队形适合做不同的动作，同一动作在不同的队形上表演，效果也就不同。因此，在编排团体操表演动作时必须处理好动作与队形的关系。如在圆形队形上适合做各种开、合、转动，顺圆的轨迹跑跳以及向圆心聚拢与向外扩散等动作。在散点队形上，徒手体操与持轻器械的动作均可。在综合队形上的动作则应注意层次分明，应给人以十分清晰的感觉。

对称、交替起伏的配合方法适合在散点队形上采用。卷龙、摆龙、锯形浪等配合方法适合在纵队上采用。蹲起浪、海浪、麦浪适合在横队上采用。圆的立转和滚转适合在圆形队形上采用。

总之，无论什么动作及何种配合方法，人与人之间应保持适当的间隔、距离，以适应并表现不同队形的风格特点，并使动作与队形交相辉映、浑然一体。

四、合理安排动作的重复次数

编排动作时，适当地运用重复是必要的，它也是团体操表演中塑造群像的基本手段。没有一定的动作重复，就体现不出操的内容，捕捉不住形象。但是对动作或组合动作的重复应该是有规律的，不能像广播体操那样重复太多。一般来说，做同一组动作形式、动作方向与动作速度等都一样的动作时，其重复次数最好不超过两次，太多了就显得单调。例如简单的蹲起动作，采用集体共同做的形式，一般采用两次。如果采用单、双排交替做的形式，也最好出现两次。编排的一组动作数量较多是强化主体动作的情节需要。另外，也可以采用不同速度、不同连接方法等编排手法来增加动作的重复次数。

五、动作要符合服装与道具特点

服装是团体操不可缺少的艺术装饰，设计得体的表演服装不仅能突出团体操的特点和主题，而且能体现表演者的精神风貌。道具是团体操表演中不可缺少的要素之一，利用道具的不同特点创编动作有益于表现主题，能更好地丰富形式、充实内容，使动作本身富有特色，最终加强表演的艺术效果。服装运用得当，不仅可以大大地丰富表演动作的内容，而且还可增强动作的表现力。如手旗具有“面”的特点，当其下垂时，可以视为“线”的形态；一经舞动，即可形成多方向的“面”，柔则轻飘，刚则劲挺，直立则挺拔，平挥则舒展。这种道具比较适合做动态的动作。又如彩球、花朵、手电筒等较为活泼、灵巧、多变，又有“点”的特点。静止时像繁星镶嵌在蓝天上；当挥动这个“点”时，在不同队形上即可形成线或面，点、线、面交相变换，既可表现热烈、欢腾的场面，又可组成多种美丽的队形图案。

服装的颜色有助于提高动作的表现力。同一个动作，服装的颜色不同，其效果就不一样。如做海浪动作时，穿一身白色服装其海浪波纹并不明显，若改穿蓝色长裤、白色上衣（或浅色上衣），所形成的海浪波纹就十分明显。因此在创编动作时，要注意服装色彩对动作所产生的影响。创编动作时要注意选编适合本国、本地区、本民族群众所喜闻乐见的表演动作，使表演更富于地区特色和民族特点。

六、动作的最佳显示面要面向主席台

创编动作要注意动作的显示面，即如何显示动作的最佳效果问题。在运动场馆观看团体操表演不同于剧场，四面均有观众，而一个动作不可能产生全方位的最佳效果。通常以照顾主席台及其两侧的观众为主，兼顾其他。如儿童表演下桥动作时，侧对主席台方向效果最好，而正对主席台方向效果就不好。如何使每个动作都达到其表演的最佳效果，并将最能显示动作特点与效果的动作方向和形态纳入主席台及其两侧观众的视野范围内，同时又能兼顾其他方向观众的观赏要求，是创编人员在编动作时应注意的问题。

七、动作拍节要符合音乐的要求

团体操音乐既从属于场上表演，又是表演场上的指挥者，它能将成千上万的表演者连成一个有机的整体，是场上表演最为密切且不可分割的一个重要组成部分。对于编排动作而言，一定要符合音乐的基本要求。团体操动作的节数应该是2n，创编动作时要注意符合音乐的要求。一般来说，动作的节拍一般为2的倍数，如2个8拍、4个8拍、8个8拍、16个8拍等。应避免节数为奇数，否则会破坏音乐的完整性，并给作曲工作造成困难。如果编排动作前就选好了乐曲或歌词，则应根据乐曲旋律及歌词内容来创编动作，以使动作编排得更连贯、完整和富于感情。

八、创编的动作要到实际场地检验效果

团体操表演人数众多，训练难度相对较大，投入的人力、物力较多。在动作创编中，一定要慎重，不可草率，所创编的动作在大规模训练前，应该找部分人员到场地里进行实地观察，待修改完善后再进行大规模训练。应避免或减少承办方在训练开始后反复改动表演动作等问题。

第六章　高校团体操的背景与场地布置

团体操的背景与场地是团体操表演中的重要元素，其对团体操表演的效果有着重要的影响。随着经济的发展及人们多元化意识的形成，团体操的背景和场地布置在内容选择、背景制作、表现方式及艺术手法等方面正进行着不断创新与尝试。本章主要从高校团体操的背景和高校团体操的场地布置两个方面来进行系统论述。

第一节　高校团体操的背景

一、背景在团体操表演中的作用

团体操表演由场内表演和看台背景共同组成。其中背景包括图案画面、标语文字，在严格统一的指挥下由表演人员手持器械表现出静动画面，可以烘托场内的表演气氛，达到完整统一的艺术效果。所以背景是团体操的一个重要组成部分，也是重要的艺术装饰。团体操表演中的背景表演是指在主席台对面的观众席上（或临时搭起的看台上），由表演者（也可以组织观众）利用花束、彩球、纸板（或闪光板等）、绸布、衣服、帽子、手电筒、背景本以及灯光设施等道具，按照预先设计好的标语、画面及其表现形式，根据场内表演的需要，在统一指挥下所进行的表演。

背景在团体操表演中愈来愈显示出它的重要作用，主要有如下几个方面。

（一）扩大表演范围

从视觉角度分析，看台一般在主席台对面，团体操表演区在操场位置，背景区与表演区为立面与平面的关系。因此背景与场内表演连成一体，开阔了观众的视野，形成平面与立体相交的空间视觉效果。背景表演与场内表演交相辉映，起到扩大场面和美化场面的作用，大大增强了表演的气氛。

（二）突出表演内容

背景内容可以是标语文字、画面图案，也可用一些器械做道具组成闪亮凹凸的背景画面。背景画面可用抽象的或具体的形式来表达。场内表演采用体操、舞蹈等形式，运用背景的主要目的是弥补场内表演的不足，起到点明主题、表明意境、烘托气氛的作用。在表演中队形与动作不能充分表达主题或不易表达主题时，借助背景就能使其表现力大大增强。

（三）吸引观众注意力

场内大面积的人群表演是通过各种图案造型的变换来进行的。当场内变换复杂图案出现乱场时，或表演过程中需要由场外运进大型道具时，就可安排背景变化来转移观众的视线。背景的变化很醒目，出现新的画面特别是活动的画面时，往往能把观众的注意力吸引到背景上，引起观众的兴趣和议论，这正好起到掩护作用。

当场内表演处于精彩或高潮的时候，更要特别掌握好背景变化的时机，切忌相互干扰。背景在团体操表演中毕竟处于陪衬的地位，不能本末倒置、喧宾夺主，应很好地掌握背景的数量和变化的时机，使背景配合团体操的表演，获得更好的效果。

二、背景画面的类型

背景可分为静与动两类画面。静止画面就是一次性全部打开的画面形象，包括图案画面、标语文字。活动画面可以从上到下、从左到右，由中间开向四周，可局部活动，也可连续翻开等。

团体操背景画面的形式多种多样，可根据场地、人力、物力等具体情况而定。有的在看台上由人组成简单固定的背景，有的由人持不同的道具（如彩球、花束、板子、背景本）连接起来组成可变化的字或画面。目前经常采用的是背景本或背景板的形式，这些形式极大地增强了背景的表现力，使许多体操动作不易表现的内容栩栩如生地展现在观众面前，使场面显得更加雄伟壮观、气势磅礴，提高了团体操的思想性与艺术性。随着科学技术的发展，采用超大电子屏幕背景成为一种趋势。

（一）背景画

背景画面是由许许多多单个的背景本同时翻开某一画页所组成的。表演时，画面一般都是配合场内体操表演进行的。表演人数有几百人、几千人，大型的可以达万人以上。它不仅能表现静止的画面，还能表现各种活动的形象，如滚滚的流水、闪光的炮火、五彩缤纷的礼花以及疾驰的列车、奔腾的骏马等。

在创作背景画面时，应注意下列三点。

①画面的主题应紧紧围绕着团体操的主题进行创作。为了与操配合恰当，背景画的作者应与编操者共同讨论背景表演的内容和形式。画面的主题应突出，概括性要强，使观众一目了然。

②画面在构图上要有大色块、粗线条，避免琐碎；色彩要对比鲜明，冷暖对比强烈，还要考虑到表演场地的色彩（绿色的草坪、黄色的土地等）、表演者的服装和道具的颜色等。画面颜色的种类不宜过多，近似色应尽量合并，这不仅经济，更主要的是便于制作和表演。

③活动画面应与操的内容紧密结合，有些局部的活动画面必须在设计整个画面时确定好。因为许多活动变化的画面由两幅或两幅以上的画面组成，如一场表现战斗的画面，大炮发射部分是由两幅画面组成的。

（二）背景台

背景台就是背景表演使用的台子，一般使用体育场主席台对面的看台，或临时搭起来的台子。

1. 背景台的选择

体育场的看台都可以作为背景表演的台子，看台有的多达40层或50层，少的有十几层或二十几层，甚至10层以下。层数越少，对背景表演越不利。

背景台的长短并无严格的标准，长的可达150米或更长，短的有几十米。从配合场内体操表演的角度考虑，背景台的长度应与做操使用的场地宽度相等或稍宽为好。如体操场面的宽度为100米，背景台可为120米左右，这样能收到如同舞台天幕一样的效果。

体育场的看台有弧形和直线两种，无论哪种都可以组织背景表演。在确定背景台时，弧形的看台较为有利，直线形的看台不能占用过长，否则两端易出现变形的现象。

2. 背景台表演区的确定

一般10层到20层台阶的背景台，最上一层和最下一层取同等长度组成表演区，但用20层以上的背景台时一般都是上长下短的四边形。这是因为背景台不是垂直的建筑，而是斜坡形的，最上边一层的台阶与最下边一层的台阶相隔较远。如一个40层的看台，最上层与最下层相隔30米左右，由于近大远小的透视原理，从主席台看到的画面便是上小下大，且画面两侧的建筑物向内倾斜。如画面采用上长下短的矩形，便不会出现这种情况。

背景台表演区的测量方法。比较简便的方法是在主席台中间吊一垂线，向背景台测量，用垂直线确定背景台两侧的端线，这两条线与背景台最上一层和最下一层构成了准确的背景表演区。这样确定的尺寸，从主席台看时画面是最准确、不变形的。

3. 背景台的搭建

搭台时应注意使背景台与主席台的距离保持在70米到100米之间。背景台越长，离主席台的距离也应越远，做到背景台与主席台之间的垂直距离最少等于背景台的长度（最好稍大于背景台的长度）；否则会明显地感觉到画面变形，尤其感到画面两端变形。有些看台台阶很低，如有的建在山坡上，有的建成凹下去的形状，每层台阶的高度仅有20厘米到30厘米，这样的看台高度就不利于组织背景表演。可以采取下列几种方法解决问题。第一种是背景本的高度按台阶高度增加5厘米，表演时将背景本举到胸前，使背景本上沿与表演者嘴的位置平齐。第二种是无论台阶高度如何，将背景本制成45厘米高，在绘制时，只用背景本的上半部分，这部分的长度相当于台阶高度再加5厘米，下边空白部分只起加高和支撑的作用。第三种方法是隔一排坐一排，这种方法节省人力、物力，但背景台两侧的画面会有些变形。

（三）背景本

采用背景本的方法组成背景，在当前效果较好。它的优点是变化多、变化快，能组成复杂的画面，表现多种内容。但它的制作过程比较复杂，训练要求高，不太经济。

1. 背景画面的绘制

绘制背景画面可用颜色画，亦可用彩色贴纸，还可以用颜色画和贴纸相结合的方法。贴彩色纸的优点是彩色纸能更换，背景本可多次使用，缺点是色彩比较差，特别是人物像的效果很不理想。用颜色画的优点是色彩鲜艳、层次分明、表现力强，缺点是涂上的颜色很难改变，不便于再贴纸，多次使用有困难。

采用画和贴纸相结合的方法，一般是在画面上要求比较细致的部分（如人物的面部）用颜色画，其他部分用贴纸。

2. 背景本的要求

（1）背景本的尺寸

背景本的尺寸是由背景台的台阶高度和表演者身高决定的，背景本高度以 45 厘米为宜，展开宽 60 厘米到 70 厘米比较合适。

背景本应比台阶的高度高，高出一部分是为了使背景本画面上下之间衔接起来，不使画面出现裂缝以致脱节的问题。

背景台层数超过 30 层，采用上大下小的扇形尺寸时，背景本的宽度也应采取几个不同的规格。自下而上逐渐加大背景本的宽度，这样可以保证本与本之间的间隔比较一致。

（2）背景本的纸张

贴彩色纸的背景本对纸的质量要求不高，如牛皮纸、卡片纸、薄的草板纸等均可。为了节约，发动群众利用废报纸制作是一个好办法，用三层报纸糊成一张厚纸即可。无论用彩色贴纸还是用颜色画，背景本的纸都应有一定的韧性，既要挺实，又不要太重、太厚。

（3）背景本的装订

背景画面比较多，有 20 幅到 30 多幅甚至 60 幅至 70 多幅。因为背景本厚，装订要牢固和便于展平。一般都是采用线装订法，每 4 张或 6 张纸装订在一起，再汇成册。为了牢固，每 4 张或 6 张纸的折缝处和书脊的上、下处加条布。不露头的表演，需在背景本上挖一个视孔，开孔处不能有装订线。

（四）大电子屏幕背景

随着现代电子技术数字化的迅猛发展，在超大型电子屏幕技术方面，我国已经具备了生产和操控大型电子屏幕的生产能力和演播能力。

1. 大电子屏幕的运用

这种背景的数字化操纵功能大大加强和丰富了背景显示的效果，增加了显示演播的功能，使背景表演更加绚丽、神奇和壮观。

在大型的团体操表演中，背景表演可以采用大电子屏幕背景。背景的设计根据透视学原理，采用长方形的巨型背景台，背景区的宽度应大于或等于场内表演场地的宽度。高度应以整个看台背景的高度为宜。

第29届奥运会开幕式表演背景中大屏幕数字化演示的成功运用，给人耳目一新的感觉，将会对奥运会大型文体表演背景设计开创新的局面产生深远的影响。因此，应当不断深入研究和促进这种大屏幕数字化演示技术不断进步。

2. 大电子屏幕背景的设计

屏幕背景的设计可考虑三种设计形式。第一种概括为整体式，即整个背景图案浑然一体，气势宏大。第二种是多条状式，使电子大屏幕分割成块且各成一体，画面有流动感。在操作控制方面，每一条状的屏幕上可以独立演示各自的画面，又可同时连成一体，形成形式新颖、变化转移快的屏幕。第三种设计为上下两层分层次大屏幕，即在主题屏幕的上方再设计一个电子屏幕，形成上方有主题背景屏幕、下方有主体背景屏幕的上下分层结构式背景。但整体的巨型大屏幕造价比较高，如果要考虑节省表演成本，可采用间隔条状式背景屏幕，每个大屏幕之间有一定的距离，条状背景屏幕的画面会产生一定的流动感，同时也节省了一部分资金。背景设计如果采用上下两层的电子大屏幕，就是在背景画面的上方再衔接一个狭长式屏幕，上方滚动播放一些大会主题词、赞助商的广告及赞助商的产品标志等。这样不仅美化了表演衬景，拓宽了表演空间，解决了过去人工背景无法解决的问题，表现了前台表演者无法表现的内容，而且从表演形式上增加了科技含量，使人们感受到信息时代的特色，体现了现代科技与文化表演的紧密结合。而下方的主体大屏幕主要用于与场内表演交相辉映地显示背景图案。

（五）其他形式的背景画面

在背景表演中，除了采用背景本的形式外，还可采用木板、草纸板、彩色板、旗子、彩球、花束、服装等形式，效果各有特色。这些形式大体分为以下三类。

①板式。用单片板的形式组字、组图、组画，材料可用薄木板、草纸板、两边带柄的旗子等。

②变色彩球形式。这种方法一般用来组字，人多时也可组成简单的图案。组成的图案和字有立体感的效果。这种道具习惯上叫彩球，现在一般都做成团扇形。表演时组织方法和板式编织法相同。

③折扇、绸带、纸条、纱巾、服装等形式。既可烘托气氛，也可组成简单的图案。这些形式比较简单，便于组织，且训练时间短，表演效果较好。

三、背景表演的组织与管理

背景表演是团体操表演的重要组成部分，背景表演成功与否对团体操场内表演影响重大。因此必须重视背景表演，加强对背景表演的组织与管理。成功的背景表演能给观众展现优美多姿的画面，烘托场内表演气氛，使得整场表演更加生动、活泼，达到很高的水平。现以持背景本表演的方法为例，对组织背景表演的工作程序介绍如下。

（一）确定背景表演区的面积与人数

背景表演区的面积要根据主席台的位置、表演场地的大小、主席台对面看台的具体情况以及人力、物力等具体条件来确定。

根据透视原理，背景表演区的宽度以略宽于场内表演场地的宽度较为理想；其高度主要取决于背景表演区内看台的层数（每层台阶之间以自然衔接为好），一般来讲，层数越多，越有利于背景画面的组织。

背景表演区的人数是根据背景表演区的宽度、每一个表演者所占座位的宽度（即一个背景本翻开后的宽度再加上本与本之间的间隔）、背景区内看台台阶的层数来确定的。背景本打开后的宽度约 60 厘米～ 70 厘米，本与本之间的间隔约 5 厘米。若将背景本打开后的宽度定为 60 厘米，其间隔为 5 厘米，两者之和为 65 厘米，这就是每个表演者所占座位的宽度。

用背景表演区的宽度去除以每一个表演者所占座位的宽度，就可得知一排（即一层台阶）能坐多少人；再根据表演区内看台的层数，便可计算出背景表演区所需要的表演人数。计算公式如下：背景区表演人数 = 背景区的宽度 /（背景本宽度 +5 厘米间隔）× 背景区看台的层数。

例如，背景区宽度为 91 米（9100 厘米），背景本翻开后的宽度为 60 厘米，本与本之间的间隔为 5 厘米，背景区看台共 24 层，套入公式则为：

$$9100 / (60+5) \times 24 = 3360\text{（人）}$$

背景本的高度通常为看台台阶的高度再加 2 厘米～ 5 厘米（便于上下背景之间衔接自然，不至于出现缝隙）。一般看台台阶的高度为 35 厘米～ 40 厘米。若台阶高度为 40 厘米，再另加 5 厘米，则背景本的高度为 45 厘米。为了保证背景画面的完整性，从第三届全运会开始，便采用了不露头的背景本表演方法。为此，背景本需加高 20 厘米左右。具体加高办法有两种：一是在本子下面增垫一个小木架；二是将背景本加高，加高部分内无画面，均为空白。目前采用第二种方法时较多。

（二）制作背景本

背景设计人员应与编操人员密切配合，根据团体操主题及各场表演内容的需要，共同研究设计背景表演的画面或标语等内容。其表演应有动、有静，有平面效果，也有立体效果等多种形式。画面应美观大方，有气魄并具有民族特色。下面具体介绍制作背景本的主要工序。

1. 确定色标并为色标编号

由美术人员根据小样稿计算出颜色的种类，调出色标（就是把每种颜色做成样品，并用这些样品绘制放大稿），把色标编号，如红 1、黄 2、蓝 3 等。确定色标时颜色不要分得过细，种类不宜过多，不同画面包含几种近似的颜色时，在不影响画面效果的情况下，尽量选择其中一种颜色。样品制作要准确，使用较多的颜色编号应靠前，其他按冷色、暖色分类，按颜色深浅排列顺序，便于记忆。美术人员还应根据各种颜色的使用情况确定用量。

2. 绘制放大稿

放大稿是指向背景本上放大用的大画稿。为了方便，放大稿一般把背景台的长和高缩小为 1/30 到 1/40 之间。按 1/40 计算，如果背景台长 120 米、高 16 米，放大稿即长 3 米、高 40 厘米。放大稿不要画成上大下小的扇面形。放大稿是绘制背景本的依据，因此要求线条、色彩十分明确，便于放大。

3. 放大稿分格和填写色标号

放大稿分格就是按比例把放大稿分成与表演人数（背景本数）和座次编排对等的格数。放大稿分格和填写色标号的方法，可根据画面的多少、复杂程度等具体情况而定，一般有以下几种方法。

第一种方法是在放大稿上直接分格和填写色标号。这种方法在背景表演人数不多、画面简单或背景是标语等情况下可以使用，缺点是不易保存画稿，在画稿上画格也比较麻烦。

第二种方法是在画放大稿的纸上事先印好格子，在格纸上绘画。绘画时颜色要淡一些，不要将格全部盖掉，然后写上色标号，这种方法比较简单，放大时也便于检查。绘画时在不影响画面的情况下，也要照顾到每个背景色块的完整性。但这种方法对绘画用色有一定的影响，也不便于保存画稿。

第三种方法是单独印制与放大稿大小相同的透明格纸，用格纸描出画稿，填上色标号，利用格纸放大画面。如有条件，最好把填好色标号的画稿再晒二张至四张图，以便于绘制画面时裁开，分别使用。在背景表演人数多、画面多的情况下，采用此种方法较好，便于发动群众分别制作，画稿也易于保存。

4. 绘制背景本

背景本画面通常是同一本上有几种相同的色标，所有背景本应该共用彩色纸张和颜料，以免浪费。往背景本上放大一般分为两种。

（1）局部放大

根据放大施工现场的大小，把几十或几百个背景本按编号顺序放在地上并打开排齐，在本上用粉笔画出轮廓，写好色标号。这样把所有画面画完后，经过反复核对再着色或贴纸。如用着色的方法，最好是放在地上进行；如用贴纸的方法，可分散逐本粘贴。此种方法比较简便，铅笔稿和上色都不易出错，但需要较大的工作场地。

（2）逐本放大

先将带色标号的画面放大，并把同一本的所有画面集中放在一起，然后夹到背景本中。这种方法便于组织较多的人一起绘制。采用这种方法，第一道工序的工作量比较大，而且细致，但后面的工作就简单了。制作的地方不要求很大，由于避免了多次搬动背景本，也减少了工作量，这样绘制的背景本质量一般也不错。由于每个本都夹有色标号的放大稿，可以既方便又准确地合并页号。

5. 标签与对照表

标签就是贴在背景本边上的写着页号的纸卡，它能保证背景表演者有条不紊地顺利进行表演。

对照表是供表演者根据指挥台上显示的画面号，查找背景本上页号所使用的表格。对照表的“画号”是指画面按顺序排列的号码，也就是背景表演时指挥台出现的号码。“页码”是指这个画面在这个本的第几页上。由于有合并页，页码不能按顺序排列，而且有重复。如果背景画面很少，或没有合并页，可不用对照表。但如果画面多，又有合并页，用此法比较方便。

四、背景表演人员的组织与训练

设计好的画面还需要训练有素的人员进行操作，才能最终完成背景表演。组织与训练工作在背景本放大工作开始之前即可进行。无论是大型的还是小型的背景表演，技术并不复杂，比较容易掌握，但准确性要求很高。一瞬间，几千人甚至上万人同时翻出各自的画页，组成一幅完整的画面，对此要求十分严格。因此必须对背景表演人员进行组织和训练。

（一）背景表演人员的组织

背景表演需要具有高度组织纪律性的大集体协调一致地把背景连接起来，用各种画面来配合场内的表演，共同表达主题思想内容。如果表演人员组织不严密，训练不严格，要求不明确，表演时局部或个别人出现失误，就会破坏背景表演的效果，甚至造成政治影响。政治性很强的画面绝不允许发生任何错误。因此，严密的组织是很重要的。

“良好的纪律和作风是搞好技术训练的保证，是表演成功的关键。”纪律和作风除了在训练和表演过程中自始至终贯穿外，在准备阶段集中进行一定的作风、纪律教育和训练是十分必要的。通过思想教育和严格的训练可使队伍有良好的纪律和作风，以适应表演的需要。训练的内容可采用各种集合、整队、队列、步伐等，并结合背景训练中的一些组织工作进行。

确定表演人员时最好选用组织纪律性强的表演人员。对表演人员要求身体健康、视力好，男女不限身高但大致一样。然后对背景人员进行区分，分校、按行分组。具体分成大队（区）、中队（校）、小队（行）、小组等组织系统。并配备各级干部、教练员、辅导员等，加强管理。同时每行要配备一名候补队员，并按以上组织系统将表演人员按单位、位置、姓名列表造册。将比较好的表演人员排在背景的中央部分，因为中央部分任务较重，变化也多，要确保任务的胜利完成。

（二）背景表演人员的训练

背景表演人员不仅要有正确的指导思想，还必须具备熟练的技术以及对指挥信号的熟悉。因此，必须对全体表演人员进行认真、严格的训练。开始训练时，可用较大的旧书刊、画刊代替背景本。

1. 训练内容

①正确的坐姿。上体正直、两膝自然分开，并准确地坐在座位的中线上。

②持背景本的正确姿势。准备表演时，两手抱握背景本。表演时打开背景本，左右手的大拇指均在后，其他四指均在前捏握本。持本要做到平与直。

③找页码、开合背景本的技术。表演者首先要看准所翻的页码是在左边还是在右边。然后将右（或左）手顺本移至本子的上沿，用食指插入所要找的页码内并迅速移回原握本位置，准备开合本。若要翻的画面握在右手时，当看到开合信号后，左、右手同时将本向前推合；当两手靠近时，右手的中指、无名指和小指伸开，用右手的食指将要翻开的画面迅速推给左手，左手迅速将推过来的版面接住并立即捏握住，然后左、右手同时将新的画面迅速打开。若要翻的画面在左边时，方法同上，方向相反。开合背景本要有节奏，一般用一秒钟的时间，分两步有节奏地完成合本与开本的动作。为了掌握速度与节奏，开始练习时，可让大家齐声喊 1、2 并配合口令完成。

④熟悉与掌握指挥信号。指挥信号是全体表演者一致行动的依据，表演者必须熟练地掌握它。指挥信号有：指示找页码的号码布、旗语信号和播音信号。关于指挥信号的用途与方法，将在背景的指挥部分予以介绍。

⑤检查正确与否的方法。一是让表演者根据指挥信号，随时检查自己的行动是否有错误，以便及时发现，进行纠正。二是在每行（或几行）的前边设一名教练员观察演员表演，出现错误立刻提示，予以纠正；也可记录出现差错人员及次数，以便于总结提高。

2. 训练方法

①分练。指小单位（一个学校或一个区）的集体练习。按照统一规定的指挥信号，集体训练各种表演动作，动作要迅速、准确、协调一致。分练时要注意培养表演者长时间坐立的耐力以及在阳光照射下进行练习的能力。

②合练。指全体表演者在背景区内按规定的位置集中进行训练。其任务是，进一步检查背景画面是否有错误，检查分练的效果，确保各单位表演动作协调一致；熟悉表演现场环境和现场指挥信号，解决特殊画面的训练问题等。某些特殊画面的训练在小单位的训练中是无法解决的，如从左至右（或相反）、从上至下（或相反）、从中间至两侧（或相反）等各种依次开合本的方法以及其他形式的活动画面均需在合练中进行。

③与操配合练习。背景的表演最终要与场内操的表演密切配合，它们是同一表演中的两个不同部分，共同服务于一个主题。背景表演内容的顺序以及每一幅画面出现的具体时机必须与场内操的表演内容密切配合，并有助于场内的表演，以达到点明主题、烘托气氛、突出风格与特点、掩护场内表演、提高整体表演效果之目的。

在进行背景与场内合练时，应有计划地安排背景与场内表演者相互观摩，以便了解其表演内容与形式，并进一步加强其完成任务的责任感。合练时人多、时间长，务必加强练习的计划性以及指挥系统的有效性。

五、背景表演的指挥与场地标记

背景表演的人数众多，背景的画面与标语的数量也多，而且背景出现的形式多种多样。特别是特殊的活动画面，有时需要某一部分人做动作，另一部分人不动。在这种复杂的情况下要求成千上万人的动作准确一致而不出现差错，除了以上所说的严格训练之外，还需要有严密、准确、果断和有效的组织。同时表演人员还必须熟悉表演场地的具体情况，了解表演场地的标记。

（一）背景表演的指挥

严密、准确、适时而有效的指挥是取得表演成功的关键所在。为此，必须认真、细致地做好下列各项工作。

1. 指挥工具

指挥所用的工具有：红、黄手旗各一面；号码布若干（根据背景画面的数量而定），尺寸为长 1 米、宽 80 厘米左右；放置号码布的支架一个；对讲机或电话一部。

2. 指挥人员

人员必须分工明确，严守职责，准确、适时、果断地执行指挥任务。指挥组人员根据表演规模而定，中、小型背景表演有 2 人指挥即可（1 人指挥、1 人翻号码布）；大型表演一般为 3～4 人，即指挥 1 人、监督 1 人、助手 1～2 人，并用旗语作为全体表演者统一行动的号令。具体分工如下。

（1）指挥

右手持红旗、左手持黄旗，按表演内容的要求，以统一的指挥信号，果断、明确、适时地向全体背景表演者下达表演信号，指挥全部表演。

（2）监督

按背景画面的表演顺序和时机，监督指挥员的指挥信号和助手所翻动的号码布是否正确，严防差错。

（3）助手

根据背景表演的顺序和指挥的旗语信号，显示表演者应找好的页码，以便于表演者及时找出背景本上的页码，准备表演。助手在翻动号码布时，必须与指挥的旗语信号密切配合。

3. 指挥信号

信号应简单、明确，易于全体表演者掌握。指挥信号包括“全体注意”“准备”“开”“合”四种。具体方法如下。

（1）“全体注意”

指挥员右手持红旗上举、在头上方挥旗，指示表演者注意号码布上的数字，根据数字找背景本上相应的页码。

（2）“准备”

右手持红旗上举不动，指示表演人员立即做好打开背景本或换页的准备。此时，要求全体背景表演者盯住指挥旗，等候开本或换页的号令。

（3）“开”

红旗自上而下挥动，指示表演者立即打开背景本或换页。在背景表演过程中，每换一次画面，均按此法进行。

表演结束时收本（合本放在腿上），或发生意外的严重错误又来不及纠正的紧急收本信号（暂时合本，然后准备重新开本），事先要向全体表演者讲清楚。具体方法如下。

“全体注意”：右手持红旗、左手持黄旗，两臂上举，并在头上方交叉挥旗。号码布上无数字显示，此信号是命令表演者注意将背景本收起来。

“准备”：双旗上举，停止不动。

“合本”：双旗自上而下挥动。

如遇紧急收本但仍需重新开本继续表演时，右手再举红旗（单旗），号码布上重新显示所要翻的页码，继续指挥表演。

总之，指挥、监督、助手三者之间的分工必须明确，又要密切协作。同时还应十分清楚背景与操的表演内容，并熟悉各场操的音乐，以准确、适时、果断地下达指挥信号，出色地完成背景的表演任务。

利用红、黄彩球或两色板组织背景表演，从设计、训练、组织到指挥，都与持背景本表演的方法有共同之处。但由于色彩种类少，能组成的画面及其变化受到较大的限制，所以只能组成简单画面或标语进行表演。表演时，可以全体表演者同时翻动道具组成画面或标语，也可举固定颜色的球（或板），第二次该举何种颜色的球（或板）即可。这种表演方法在中小型团体操表演或广场的集会活动中经常用到，如盛大节日里天安门广场上由少年儿童进行的组字或图案表演。有时在迎送宾客的仪式中也有这种形式的背景表演。

（二）背景表演的场地标记

场地标记是一种位置标记，是指标记在实际运用中与人体、器械、场地及标记与标记之间的相互关系。在团体操表演中具有独特的作用。

1. 场地标记的作用

背景表演有时需要比较多的工作人员，如果没有到位指挥和明确的场地标记，换背景时就可能会出现混乱状态。背景场地的标记有助于背景表演者在表演时准确地找到自己的表演位置、明确变化的方位、保持变队的整齐，有助于表演者准确、迅速地组成各种复杂的背景画面等。表演场地布置合理、干净、整齐，是提高训练和表演质量的前提和保障。

2. 场地标记的运用程序

场地标记的运用一般可分为事先准备、场地布置两个步骤。

（1）事先准备

背景表演的场地标记事先准备包括选用标记和标记设计两方面。第一，选用标记。首先要考虑背景表演的需要，使标记为表演服务。其次，在选用标记时要考虑标记本身能起什么作用，如何才能使表演人员充分利用标记，更好地发挥。第二，标记设计。标记设计是指在确定选用哪一类标记的基础上，设计标记在场地上安放的位置和运用标记的具体方法。因此标记时必须清楚明了，便于识别。

（2）场地布置

场地布置就是把事先准备的有关标记的位置设计在场地上标示出来。场地布置由标记准备、标记布置、标记检查三个部分组成。标记准备就是把背景场地所需要的标记材料准备好。标记布置就是把标记设计的具体图案、要求与规格在场地上一一标示清楚。标记场地之间的距离时切忌马虎从事，要按一定的标准尺度进行。进行标记布置时还要考虑当地当时的气候情况，以便辨认。标记检查就是对标记布置的检查。主要是检查场地、标记之间的距离和规格是否准确，检查标记布置中是否还有什么遗漏。

3. 背景场地标记的画法

背景表演区确定后，根据背景的宽度与背景本的间隔，确定每个表演者所占的位置。假如每人是 65 厘米，就在所占位置中间画一个标记，并在标记旁注明 × 行 × 号，表演人员就可按自己的行、号入座。坐下时注意对准标记，使标记正好在两腿中间。

标记的画法：先找出最上层一排与最下层一排每个人所占位置的间隔标记，并画好线。再由上向下用皮尺拉直，使最上层与最下层之间的每个中间标记对准，然后画出各层每个人的位置标记线。画时由中间向两侧进行，并边画边注明行与号。

指挥台的位置应设在背景表演区的对面，即全体背景表演人员都能看得清楚、不影响观众视线又不容易被观众发现的地方。一般设在主席台一侧的较高层。

第二节 高校团体操的场地布置

一、场地布置前的准备

一般来说，团体操训练的场地有草地、混凝土地和土地三种。无论是何种场地，在训练和表演时，工作人员都需对表演场地或训练场地的布置做一些必要的准备工作。

（一）认识场地布置的意义

工作人员在明确表演任务之后，还需要了解表演场地的具体情况，如表演场地的大小和周围环境；场内出口和入口；正式表演区和准备区的大小；场外有无队伍集结的条件等。这样便于工作人员确定团体操的规模和人数，有利于合理巧妙地安排进、退场的形式与方法。

较大型的团体操大部分是在有看台的田径场上进行表演，中、小型团体操可以在室内、室外的体育馆和体育场进行。若在广场进行表演，则应根据广场的大小来确定适当的表演区、队伍集结区及进场、退场的方向和位置，并合理地划定出观众所在的区域，这样既可保证表演的顺利进行，也可保证观众的位置比较恰当。工作人员也要给馆内表演划定出表演区，要了解出、入口的大小、多少和位置。表演场地布置得整齐、美观、别致，有利于提高团体操的训练和表演质量。

布置场地的主要任务是标出“基本点”，这是团体操所有队形变化的场内依据。什么是“基本点”？即表演场地上标出的间隔、距离均为 1.2 米的点，而表演时比较恰当的间隔、距离是 2.4 米。为了便于区分，单行“基本点”可设为红色，双行可设为白色。待全场“基本点”布置完毕，从整体看，表演场看起来好似一张大的“坐标纸”。

为了使表演者能够准确、迅速地组成复杂而多变的队形图案，场内可适当设置一些“特殊点”，如五角星的角、圆形的圆心、多边形的边及大器械的位置等。“特殊点”的颜色要显著不同于“基本点”，以便辨识。不同场次的操，其“特殊点”的颜色和形状也不应相同。但切记“特殊点”不宜过多，否则就失去其“特殊”意义了。

（二）绘制表演场地图

根据团体操表演的需要，工作人员可以把所用场地的面积按比例缩小，将其绘制在较大的坐标图纸上。按照表演的要求分别在不同的位置用不同的颜色标出场地的方位、主席台的位置、中线、中心点、边线、端线以及基本点的布局，并在表演场地的前、后、左、右的边线与端线上标明不同行与列的序号，以此作为场地布置的基本依据。

如果只有一场操的表演，表演中又出现综合队形，为保证表演效果，工作人员则可在上述内容的基础上绘制所需的特殊标记，如组菱形，可在四个角的顶点处绘制四个有别于基本点的特殊标记。如果表演的场次较多，工作人员可根据表演的实际情况安排各场操的殊标记点。

（三）准备物品

布置场地所需要的物品有：钢尺或皮尺一个，带有固定距离标记的测量绳（尺）两根，长 100 米左右的粗线一根，画线用白灰或油漆若干，以及钉标记用的小锤每人一把、基本点标志物、特殊标志物、序号牌、钉子、锤子、指挥信号物（口哨、手旗或喇叭均可）等，按规定准备各种物品并留出一定数量以备用。基本点标记物可用铁皮、碎布、塑料片等制成。铁皮制成的基本点标记物一般为直径约 10 厘米的圆形，用碎布或塑料布则可做成约 10 厘米见方的块形，中间留有一孔，以便于穿钉子，如图 6-1、图 6-2 所示。

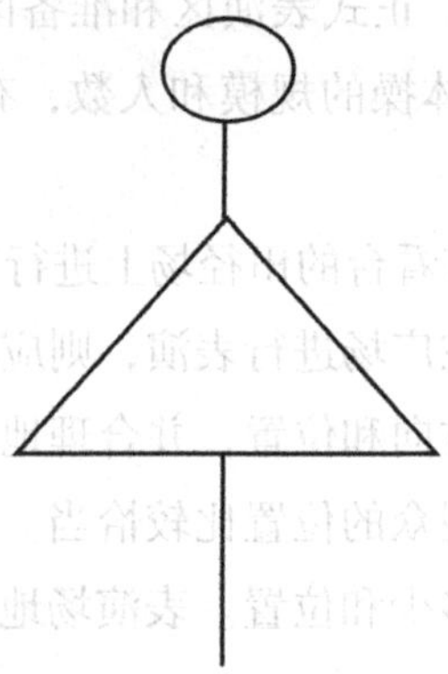

图6–1 基本点标记物（一）

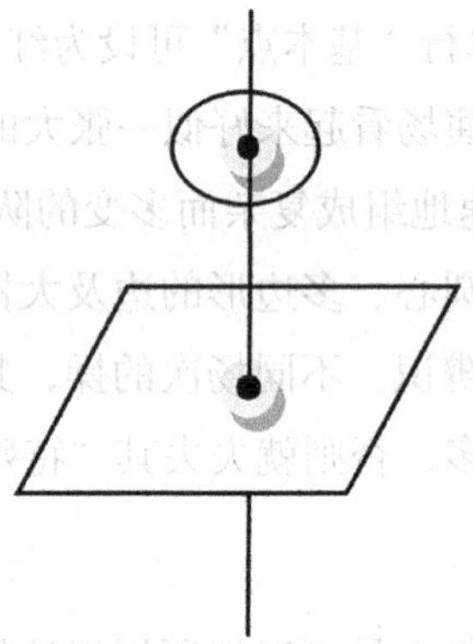

图6–2 基本点标记物（二）

（四）人员的组织

因布置场地的工作量很大，一般需要较多的工作人员，人员数量应根据所布置场地的具体情况而定。其中标记的制作需要集体来进行，为了明确每个人的职责，一般把工作人员分为以下几组。

标记组：负责场地标记的布置。

标尺组：负责场地丈量和定点。

后勤组：主要负责运送各种用具及标记物。

此外，还需要有 1 ～ 2 人来指挥和协调。

人员组成一般包括总指挥 1 ～ 2 人，负责拉绳尺的人员 2 ～ 3 人。钉点人员的数量由纵行上基本点的数量而定，如纵行上有 30 个基本点，则大约需 15 人，即一个人负责两个点；若人员绰绰有余，可用 30 人，即一个人负责一个点。运送基本点标记物的人员需 2 ～ 3 人。凡是参加工作的人员，分工务必明确，要各司其职，努力做好自己的本职工作。

二、布置场地的步骤与方法

（一）布置场地的步骤

团体操场地布置的步骤是个连续的过程，一般步骤如下。

1. 确定表演场地的中心点和中线

一般先估计场地的大小，然后确定中心点 O。根据中心点的位置 O 确定表演场地的中线 AB。然后，通过 A、B 两点分别拉出平行于跑道沿（主席台）又垂直于 AB 的两条边线 CD、EF，使其形成“工”字形（即布置场地的工字法）。并按照场地图纸上基本点的间隔、距离要求，将 CD、EF 上的基本点准确无误地钉出来。

2. 确定表演场地的基本点

组织布置场地的人员，要在统一指挥下，按统一的要求，从中间分别向两侧，对场地图上的基本点严格地、有条不紊地、逐行地进行布置，切忌混乱。

具体做法如下。指挥员站在左（或右）半场的中间，面向中线 AB 进行指挥，后边线 CD 上的拉绳人员以 CD 上的标记点为准，需将绳尺的一端固定。前边线 EF 上的拉绳人员则要抖动绳尺，并对准相应的标记点将绳尺拉直，固定在相应的点上。中间需有一人检查绳尺是否准确并协助调整。钉点人员在绳尺的后边，面对指挥员站于其所要标定的标记点的后方，当指挥员下令放点时，迅速将标记点对准绳尺上的标记（刻度）一侧，轻轻钉在地上；钉点时不得随便移动绳尺，以免影响他人工作的准确性及整个工作的进程；当大家都将标记点对准绳尺的标记并轻轻钉在地上后（切勿压住绳尺），指挥员便下达“移绳”的命令，拉绳人员立即快速地将绳尺移至下一个标记点。此时，钉点人员再将标记点完全钉下去，而后原地站立，等待命令再进行下一行的钉点工作。当左（或右）半场布置完成后，再布置右（或左）半场的标记点，程序同上所述。在场地布置的过程中和全部布置任务结束后，负责人员应及时检查，若发现问题，立即纠正。

3. 插上序号标记牌

按照表演场地图的要求，组织人员在边线与端线上的基本点前（侧、后）方按顺序从左至右、从前向后插放行与排的序号牌。序号牌的形状可为圆形，也可为三角旗样等，如图 6-3、图 6-4 所示。

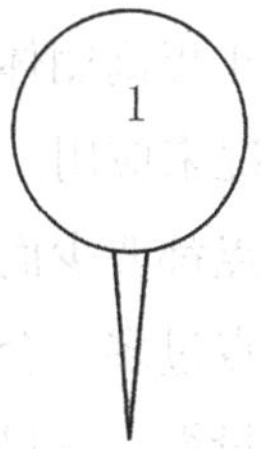

图6-3　圆形序号牌

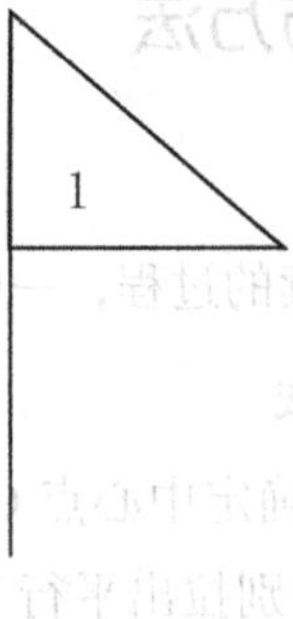

图6–4 三角旗样序号牌

4. 布置特殊标记点

在全场的基本点以及行与排的序号牌的布置工作完成之后，由各场负责人指定专门的工作人员进行各场操中所需特殊标记点的布置工作。如果特殊标记点的位置与场地上某些基本点的位置一样，将特殊标记钉于基本点的一侧比较好。特殊点的标记制作与基本点标记的制作稍有差异，标记特殊点的标志色彩要鲜艳，同时要大些，一般采用10厘米～15厘米直径的图形，或做成方形或多边形，以便区分。

（二）布置场地的方法

团体操场地布置的主要方法有工字法和非方形场地的标记方法等，具体内容如下。

1. 工字法

指先确定中心点O和中线AB，由中心点沿中线向前、后钉基本点各29个；再确定前边线EF，从边线与中线垂直交叉处向左、右钉基本点各39个；确定后边线CD，与前边线方法相同。这样布置后形成了“工”字形，然后布置全场基本点。由中线开始向两侧（先一侧，然后另一侧），通过前后边线上的基本点丈量，在刻度处准确地钉点，即可布置出全场基本点。全场基本点布置完成后，在四边插上横竖排纵队标号铁旗，根据需要再布置特殊点。

2. 非方形场地的标记方法

此方法为团体操场地坐标标记方法之一。近年来，团体操表演场地的布置和设计大量地引入舞美艺术，在表演场地的设计上突破了传统的长方形场地，更多地使用非方形表演场地或在表演场地上安放大型舞美造型等。在这种情况下工字法有一定的局限性，于是有人提出了新方法。这种坐标标示方法对于提高团体操的训练效率和表演的艺术效果有一定的积极作用，工作人员可以根据具体情况来应用。

简而言之，无论是基本点还是特殊点都要少而准，因为点越多越不清晰，甚至有重叠现象。一部大型团体操如果场次和基本点过多，会使表演者很难准确地找到自己的位置。此外，工作人员还需注意布置场地的测量绳、皮尺等刻度要精确，质量相同；确保拉测量绳的力度一致，全部基本点钉在绳尺的同侧，否则很容易出现误差。

三、团体操场地坐标标记方法

针对传统的团体操表演场地坐标标记方法的某些不足，同时考虑到现代团体操对场地坐标标记方法的新要求，有人提出了新的坐标标记方法。并且通过两次大型团体操表演的实际应用，证明了这种新的方法对于提高团体操的艺术表演效果，特别是对于提高团体操的训练效率具有很大的作用。

（一）传统标记方法的缺陷

1. 标牌不利于演员进退场

传统团体操表演场地基本点的标号是在场地四周竖立带有行号及列号的立标，其缺陷是所立标牌若太小则在场内不易看清，太大则影响表演人员的进场和退场。特别是在表演人员多、跑步进退场时容易将表演人员绊倒。此外，对于一些运送大道具车辆的进场和退场的影响也很大，一不小心就可能被立标卡住，或者把立标压倒而导致后续表演混乱。

2. 场内演员不易看到坐标标牌

在团体操的表演过程中，演员只有明确地知道自己所处位置的坐标号，才能更好地确定自己的位置是否正确及自己应该运动的正确方向，按照表演方案成功完成表演。若场地内的坐标点没有搭配坐标号，其价值对于表演人员来说就仅仅是规范间隔和距离了。采用传统的坐标标记方法时，场内的演员由于视线被周围的演员阻挡，不易通过观看四周的立标明确自己所在的位置，只能根据与其他演员的相对位置来判断自己的位置是否正确；一旦前面的演员站位有误，后面就会有大批演员站错位置，类似情形经常发生。

3. 非方形表演场地不易安置标牌

传统的坐标标记方法比较适合方形表演场地，但对于非方形的表演场地，如圆形或椭圆形场地来说安放立标会很困难。尤其是当场内有大型道具或大的舞蹈造型时，立标标记更不能起到应有的作用。传统的表演场地大多直接利用长方形的足球场，并在主席台对面的看台上安排背景表演，或在主席台对面的看台下设置演员专用舞台，这时舞台与场地缺少有效联系，各自相对独立。随着团体操表演艺术的不断发展，近年来，场地设计打破了传统的场地布局习惯，较少直接使用长方形的足球场，且通常在场地内设置舞台或安放大型道具等，这就给场地内坐标点的标记工作带来了一定的难度。对于这样的场地，以往的坐标标记方法就显得无能为力了。

4. 复杂队形、图案的变化过分依赖特殊标记

由于场地内有成百上千个相同的坐标点，诸多队形的变化不得不依赖于特殊点标记。由于各场操的特殊点不同，结果导致特殊点之间相互干扰，演员在场地内难以区分哪些特殊标志是本场操的，哪些不是。况且，当表演场次多且变化复杂时，场地内的特殊点花花绿绿、杂乱无章，严重影响了表演的艺术效果。

5. 不适合光线较暗场景的表演

近年来，团体操表演大量地引进舞台灯光艺术，有时为了更有效地烘托表演气氛，取得更好的艺术效果，经常利用夜幕掩护大道具的进出，并常常要求演员在光线较暗的情况下进行队形变化。此时若再用传统的坐标标记方法，演员将无法通过观看坐标标记牌来确定自己的位置是否正确。

（二）坐标标记方法

通过对传统场地坐标标记方法的缺陷进行分析，有人提出了新的场地坐标标记方法。这种新的坐标标记方法，对于进一步提高团体操的编排水平、训练效率、表演效果和场地布置效率都具有重要的意义。

1. 坐标标记方法的优点

这种新的坐标标记方法具有以下优点：①场地内的演员可以很方便地看到自己所在位置的坐标号，并据此推断出自己应移动的方向和距离；②不影响大型道具和演员进出场地；③新的标记方法可以取代一些特殊点和特殊行进路线，使表演场地内更整洁美观；④新的标记方法适合各种形状的场地，不受场地面积大小、场内大道具或大型舞美造型的影响；⑤能很好地解决在光线较暗或者完全在夜幕下进行队形变化的问题，演员可以根据标记数字的上下位置辨别横、纵坐标号。

2. 坐标标记方法的运用程序

首先，坐标点标记物要用 10 厘米见方的硬塑料或胶合板制成，在坐标点上用防水的红、蓝两种颜色分别标出该点的横、纵坐标号，再用 2 根 1 寸长铁钉固定在地毯或草坪上。其次，在标示号的涂料中加入荧光粉，以利于夜幕下表演的需要及演员直接识别自己的位置。最后，在团体操表演场地基本坐标点上直接标记坐标号（基本点指场地纵横坐标号相交的点）。

第七章　高校团体操的组织、训练与表演

团体操的组织与训练是一项复杂而又细致、紧张而又有秩序的重要工作任务。通过对团体操训练工作的有序组织和科学合理的规划与实施，把广大参与表演者由分散的个体、表演能力差异大的群体训练培养成具有集体意识、协调统一的表演群体，是完成团体操表演任务的重要保证。本章主要从高校团体操的组织、训练与表演等方面展开系统论述。

第一节　高校团体操的组织

一、确定表演单位

团体操的表演人员主要是学生，有时也有军人、职工等参加表演。因此，在确定表演单位时，要根据团体操表演的规模、场次和表演内容的需要，并与教育部门及其他有关部门密切协作，共同研究，统筹安排，通常要注意下列几个方面。

（一）了解各单位的情况

团体操表演不仅是一种艺术性活动，而且也是一项很讲究科学的事业。它对表演单位的要求也是比较高的，并且它能反映一个单位、一个学校甚至是一支队伍的风气、特色等情况。因此在进行团体操训练与表演之前，首先必须从各个方面了解可能参与表演的单位，为选定合适的单位做好准备，以保证团体操训练与表演的质量，从而使团体操表演不仅达到供人欣赏的目的，而且发挥较大的潜移默化的育人功能。所以，在确定具体的表演单位之前，要了解可能承担表演任务的单位、学校的分布情况和各学校领导、校风、班级情况，人数、教练、场地大小及其有无影响团体操训练和表演等情况，在此基础上确定参加表演的单位。

（二）对表演单位数量的要求

团体操表演有小型与大型之分。小型的团体操表演规模较小，表演人数较少，参与表演的单位自然也相对较少。大型的团体操表演人数众多，可能有上千人之多。但这并不等于参与团体操表演的单位越多越好，不等于要求来自四面八方的群众组成队伍参与其中，因为这会在一定程度上给团体操训练与表演带来不便，会降低团体操训练的效率与团体操表演的质量。大群体的训练工作最忌讳的是散、乱、拖，因此，对参与团体操表演的单位

的数量也应该做一些要求，确保每一场操的参加单位不要太多，而且要相对集中在一个区或一片里，切勿分散太大。这样便于群体活动的开展，便于各区之间评比竞赛，又可避免增加交通上的困难。

（三）对训练场地的要求

团体操表演场地的布置是一项细致、艰苦而又必须进行的工作。场地是全体表演者在场内进行各种队形变化及动作表演时定位的客观依据。场地布置得合理与否，直接关系到训练与表演的质量与效果。随着时代的发展，团体操的表演内容和形式不断丰富与更新，为适应新形势的需要，在条件允许的情况下，人们更注重表演场地的质量、实用性和表演的整体效果。如帆布、化纤地毯等陆续被用于表演场地中。

但是，无论采取何种质地的表演场地，都要根据训练和表演的需要予以布置，只是布置时所采用的方法不同而已。其中，训练场地可以根据本单位所承担的表演任务及所用场地的面积进行布置；表演场地则应根据表演任务的需要统筹规划，认真细致地进行测量，合理而准确地予以布置。

二、确定表演人员

校园团体操是由数以百计的学生组成的，他们在规定的场地内徒手或持轻器械表演，并通过各种队形变化和移动以及器械的交换来完成各种动作。校园团体操的编排有其复杂性、组织的严密性、排练的耗时性及参加人数多等特点，对表演者及学生提出了更高的要求。因此，在确定表演单位的同时，还应提出选拔表演人员的条件，根据不同的操提出不同的要求，具体要求如下。

（一）身体条件方面的要求

在团体操训练中，哪怕是最基本的技术训练，都要对参与者在力量、柔韧性、协调性、音乐节奏感等方面进行训练，并根据不同的要求，在原有基础上再增加任务难度，对学生从严、从难要求，要求他们的每个动作不仅能体现团体操的美，而且能反映学生的素质、意志等。因此，团体操训练与表演不仅是对队员身体素质方面的训练，同时也是对学生意志、作风的培养和磨炼。学生首先需要有健壮的体魄，能够承受艰苦的训练，磨炼的就是不怕苦、不怕累、不怕困难的意志品质。当然，团体操表演需要队伍整齐美观，因此还要考虑参与者的身高分配，才能增强团体操表演的效果。因此，在确定团体操表演人员之前，实施者要考虑学生身高应在什么限制内、身体是否健康、是否有慢性病或明显的生理缺陷等。

（二）技术方面的要求

身体健康是对学生参与团体操表演的最基本要求，这是保障团体操顺利进行的基石。当然，仅仅有强健的体魄是远远不够的。团体操表演是一项艺术性和技术性较高的运动，它以塑造人体美、运动美、精神美为主要内容，可以通过一系列动作把人的内在美与外在美和谐统一地表现出来。

因此，团体操训练与表演对学生的技术技巧、动作能力等方面提出了较高的要求。而且在团体操训练与表演中，不仅要对整体的技术水平做出规定，而且对个别操或一场操中的某些部分也要有特殊的技术要求，以便选配，确保团体操表演能获得成功。

（三）道德品质方面的要求

团体操表演的成功并不是一个人的事，而是团体力量的结晶，是参与者共同努力的结果。这就需要参与者在有了身体素质、技术方面的保障外，还必须具备良好的道德品质与修养，把团体操训练与表演作为自己的一项重要事业来做，要有集体荣誉感，以主人翁的态度去完成每一项任务。我们知道，要成功地演练好一场团体操，从各级各部门领导到编导、教练员、参演人员，都必须对表演目标、集体荣誉达成共识，体现出参与其中的积极性、主人翁意识以及集体荣誉感，保持集体形象的风范和作为，为团体操的成功表演献上自己的一份绵薄之力。

（四）学习条件方面的要求

正是因为团体操是一项融体育与多种艺术于一体，是体育、音乐、舞蹈、美术、服饰等完美结合的艺术形式，所以它的训练与表演都是比较严格与认真的，而且需要一段相对较长时间的艰苦训练，这对参与者尤其是学生所产生的影响是较大的。因为学生还有重要的学习任务要完成，如果不能处理好学习与团体操训练之间的关系，可能会影响到学生的学习及生活，还会挫伤学生参与团体操训练与表演的积极性。所以，在确定团体操表演人员时，一般会选择学习认真、功课在中等以上水平的学生，以不影响学生的学习成绩和打击学生参与的积极性为前提。

（五）人数、性别、年龄方面的要求

参与团体操表演的人数不是越多越好，也不是以少而精来要求，它的确定有其自身的要求。在确定团体操表演人数之前，要根据操的散点队形的要求来确定人员数量，要求每个学校选定的人数能组成完整队形（例如，散点队形 40 行，每行 30 人，由五个学校承担，各校负责 8 行共 240 人）的一部分。这样每个单位队形整齐，便于组织和训练。当然，在确定表演人数的同时，还应选留一定比例的候补人员，其中，男生保持在 3%、女生保持在 5%左右即可，这样既能保证训练和演出的顺利进行，又不增加过大的负担。在年级方面应注意避开毕业班。

三、建立领导组织机构

团体操组织与排练机构的大小是根据团体操的规模来确定的，而团体操的规模大小又是根据主办单位的目的和任务与实际条件决定的。因此，组织机构与程序的繁简、参加人

员的多少，可以根据实际情况合理规划与灵活调整。

团体操表演的领导组织机构，是整个团体操从创编到排练再到正式表演的统一指挥和保障机构。在确定了团体操表演的工作任务后，为解决团体操的创编、排练、后勤、宣传等方面的问题，并协调好各方面的关系，首先必须确立相应的领导组织机构。领导组织机构的主要负责人最好由主办单位的主要负责人与当地党、政负责人担任，成员包括参加团体操表演工作的有关单位负责人和各具体下设机构的负责人。团体操具体领导组织机构一般设置办公室、编导排练组、后勤保障组等机构，大型团体操和文体表演的机构设置与任务分工应更为具体细致。

（一）办公室（指挥部）

主任 1 ～ 2 人：负责总体协调和工作部署与检查等。

副主任 2 ～ 3 人：具体负责团体操创编与排练、外联与后勤、协调与宣传。

成员若干人：分别负责完成各项具体工作任务。

办公室（指挥部）是团体操表演活动组织领导的核心机构，主要的工作任务有以下几项。

1. 依据该次活动主题思想，进行宣传和动员

让参与者和社会民众认识到活动的意义是团体操前期工作的首要任务，因此，依据活动主题思想进行广泛的宣传和动员是办公室的主要工作之一。宣传和动员工作应本着继承和发扬优良传统、宣扬奉献精神的理念，要在内容、形式、方法、手段、机制等方面努力进行创新，特别要在增强时代感，加强针对性、实效性、主动性上下功夫、想办法。并围绕活动的主题，通过报纸、电视、广播等新闻媒体的提前介入，进行背景资料宣传、会标征集、主题歌曲预选播放并组织基层的普及性活动。

2. 协调各参演和协作单位，制定和落实实施方案

团体操的参演人员多以学生为主，也有军人、工人等参加，并来自不同的学校和单位。因此，具体的协调工作非常重要，需要通过有效的工作方法使参演单位、协作单位能对本职工作范围有最直接的了解。通过协调会进行讨论和沟通，及时获得承演单位对完成任务的反馈信息和合理化建议，以此为依据来修改和确定团体操的表演形式与规模、表演时间与地点、参加单位与人数、具体的计划安排以及组织措施与要求等，以便确立总体方案和实施计划。最后根据活动的目的、任务与规模，制定出目标明确的工作方案与职责条例，并进一步明确活动的重要意义，强调完成任务的坚决性，并在今后的各项工作中严格执行已经制定的实施计划，以保证排演工作有条不紊地顺利进行。

3. 实施排练计划，组织预演和表演

由主要负责人动员，传达有关文件精神；宣布下设机构负责人及各组成员名单；落实参加表演的单位和人数并提出具体要求；做好有关团体操表演的各项准备工作等。按计划

科学、严谨地组织好整个排练工作是保证团体操表演成功的关键，大群体的排练工作最忌讳散、拖、乱，富有凝聚力的组织动员工作和严密科学的运筹工作比完成团体操难度较大的动作本身更为重要。

彩排预演是排练工作的结束部分，也是对各有关部门工作的检查和验收过程。通过预演总结经验、发现问题并及时予以解决，才能确保正式表演的圆满成功。

4. 团体操的阶段性总结与后期表彰

团体操的阶段性调研与总结是必不可少的工作。通过检查对每个阶段的工作进行总结，用电子或书面材料及时上报领导和总指挥，可以及时调整工作方案和进度。团体操表演结束后要形成全面的书面总结材料，并召开不同形式的会议，对在团体操表演工作中表现突出的单位和个人进行表彰。

5. 后勤保障与资金合理使用

团体操表演活动的成功与否在很大程度上取决于后勤保障。组织一场中小型团体操也需要几百人甚至几千人，大型团体操和文体表演的人数则多达上万人。由于参加人数较多、范围较大、牵涉面广，包括服装、道具、舞美、场地、灯光、交通以及生活补贴等方面，其耗资是可观的，采购工作也是很烦琐的。经费的预算与合理调配都需要精打细算、合理规划；采购与制作服装道具等表演装备更需要预先计划、统筹安排，以更好地利用有限的资金保障表演人员和装备的需求，达到预期的效果。同时要响应中央节约办会的精神，坚持“隆重，热烈，节约，有创新”的基本原则，在资金的使用上注意做到以下几点。

①全面考虑、突出重点。根据团体操的创编设计，在兼顾整体的情况下对重点场次有所倾斜，精做道具、服装，保证资金。

②在排练过程中，由于训练时间长、工作量大，必须做好场地协调和表演人员的生活后勤保障工作，场地、音响设备与经费应及时到位。

③彩排与表演阶段重点做好场地布置、表演人员交通、安全设施等工作。

（二）编导排练组

组长（总编导）1 人。

副组长（执行编导）1 ～ 2 人。

排练组长（分场编导）4 ～ 10 人。

1. 编导组

编导组的主要工作任务，首先是完成团体操的设计创编工作和制订实施方案；另外，在排练过程中，负责培训基层排练人员，布置并贯彻实施方案的具体任务，指导组织和实施排练工作、指挥表演等。

2. 基层排练组

团体操的总体排练需要分场、分项地分解实施排练，各基层排练组是团体操排练和表演工作的运行核心，是完成组织与表演任务的“躯干”。它承担着表演内容复杂、训练工作繁重、参与人员最多的大面积活动的工作重任。健全基层排练组织的最关键环节是建立点、线、面一体的通信网络，包括任务的下达、内容的调整，因气候、场地等原因的临时调改等工作，均要通过建立起来的通信网络（如电话、QQ 群、微信群等方式）接受来自总编导组的调整部署。

基层排练组根据实际需要，每场操应由各单位负责人组成临时排练领导小组，选一名负责人；同时成立联合排练组，选出有经验的人员担任（分场编导）指挥，负责参与分场排练各单位的组织训练工作。将参加总操排练的人员编为一个大队，每个单位为一个中队，每行为一个小队，每小队再分 2 ～ 3 个小组。大队长由总指挥兼任，每个中队、小队、小组分别选出各级技术水平骨干和政工干部以负责日常训练和组织管理工作。

（三）后勤保障组

组长（办公室副主任兼任）1 人。

财务副组长 1 人。

采购供应副组长 1 人。

后勤保障组是团体操排练与表演的物质供应线，是团体操活动正常运行的保障机构。负责服装、道具、背景的制作、保管和分发，场地器材的准备和布置，广播、灯光的安装和使用，以及交通安排和生活管理等工作，并提出举办团体操的财政预算方案及物资配置与采购计划。组织人员要切实安排与落实，以保证团体操排练和表演工作正常进行。

整个团体操组织与排练工作时间的长短要根据表演性质、规模、内容、难度等来决定，长则一年半载，短则几个星期甚至更短。前期的准备工作可以稍长，以便充分准备；训练与表演期因牵涉面广，需要根据实际情况统一部署，以便在最短的时间内圆满地完成任务。

四、明确与划分排练阶段任务

团体操的训练工作是一项艰巨而又复杂的工作，必须根据参加表演人数的多少、表演内容的难易程度、可供进行训练时间的长短、表演人员的实际水平、训练场地的设施条件以及上级机关对训练提出的要求等予以周密计划。

团体操的排练表演工作一般可分成三个阶段：计划与准备阶段、组织与训练阶段、彩排与表演阶段。

（一）计划与准备阶段

计划与准备阶段是团体操进入正式排练之前必不可少的前期工作。本阶段的主要任务是为整个排练工作做好组织准备和思想准备，健全基层后勤保障与设施，确定表演单位和表演人数，对参演单位及协作单位进行各项排练工作布置。

①根据团体操表演任务，首先要筛选参加表演的单位，了解可能承担表演任务的学校、

单位的分布和人员、场地等情况，尽量选择集中在一个学校或单位。如需多个单位参加也要选择相对集中在一个片区内，切勿分散太大，并以场地条件好的单位或学校为主。在确定表演单位的同时，提出选拔表演人员的条件和要求。根据创编内容需求确定人数、性别与年龄，依据身体条件、表演经验和基础、道德品质和体育与舞蹈特长等选拔确定表演人员，并选定组织排练的负责人和有经验、有责任心的教练人员。

②将整个表演队伍按表演内容与方案化整为零。通过编队分组使每一个表演者明确自己所在的小组和表演位置。同时，在表演队伍中指定骨干人员协助教练工作，以保证整体训练指挥工作畅通无阻。

③培训基层排练教练、指导员，使其事先了解表演方案与各自承担的表演内容，熟悉动作节拍、规格及各种队形图案过渡等细节，并熟练掌握具体的训练步骤与方法。

④向全体表演和工作人员进行思想动员工作，使其明确表演的目的、意义和任务。通过介绍表演方案，进一步加强表演者的责任感。同时，制定必要的规章制度与执行计划的具体措施。

（二）组织与训练阶段

组织与训练阶段包括全体人员从正式开始训练至表演前的整个组织排练过程。本阶段的主要任务是按照制订的团体操创编总体构思与实施方案，有计划、有步骤地对全体表演人员进行训练。要坚持基本动作的训练；按表演内容分段进行严格训练，使其熟练掌握表演动作及各种队形变换；在全场训练中，不仅要求表演人员的自身动作准确，而且必须与整体协调配合，统一动作规格。定期召开编导、教练联席会议，组织协调好各团队工作，检查和部署工作任务，较好地实现排练表演方案所预计达到的表演效果。做好这一阶段工作的关键在于以下几点。

①针对参与排练的工作和表演人员，要深入细致地做好思想工作，加强纪律教育，切实贯彻执行各项组织管理措施，保证排练工作的高效率。

②根据实施方案制定统一进度和要求，上下协调配合，严格遵守。在特殊情况下，由总编导报请总策划和领导机构讨论审批后，在有关人员参与的联席会议上统一给予变更。

③加强每次排练前的集体学习与备课，统一教练与技术骨干的思想，明确每次具体训练和动作内容的规范要求，保证有条不紊地进行表演动作、队形图案的训练。每次组织训练时，要按照明确的训练工作量，对“动作示范—队形图示—复习—学习—总复习—小结—明确下次训练时间、地点”等内容和形式进行充分讨论，形成具体计划方案。

④选择科学的训练方法与形式。组织训练前编导教练团队要认真研讨，熟练地掌握训练方法，选择科学合理的训练组织形式。对于比较难的图形、队形、动作，可事先培训示范组，使动作演练达到规范准确、配合默契、整齐划一的效果。示范组的人员最好挑选思想品德高、有责任心、身体素质好、接受能力强、仪表较好的人员，通过单位分练、分片合练、单操合练、各操联排、操与背景合练等不同组织形式进行排练。

⑤及时总结排练过程中的经验，相互借鉴，在实践中进一步完善排练表演的组织训练方案，提高训练的效率和表演质量。

（三）表演阶段

表演阶段包括彩排、预演和正式表演。彩排、预演是团体操训练工作的尾声，通过模拟正式演出，使表演者熟悉表演时的特定环境和气氛，使之沉着自如地完成表演动作。同时全面检查场地布置、服装、道具、音响设备的质量和效果；检查各场操之间的衔接、背景与操的配合程度；检查组织指挥系统工作是否严密、通畅；检查交通、安全保卫等各项配套工作是否有效，为顺利完成表演任务做好充分准备。

1. 指挥系统的组织工作

表演阶段最重要的是总指挥组织严密有序，指挥有方、指挥系统畅通、各指挥人员之间紧密协调配合。这是影响全局工作和保障团体操表演成功的关键。在现场彩排、预演或正式表演时总指挥的位置一般设在主席台旁，便于对全场进行观察以及与大会主持人进行联系。指挥系统的主要成员及任务包括：音乐广播室，确保音乐录音准时无误地播放；背景指挥，必须在表演前 10 ～ 15 分钟使背景表演人员按序进行背景台对号入座，安定好其情绪，准备表演；场外指挥站，由表演队伍的指挥、后勤人员与秘书处人员联合组成，负责使表演队伍按指定区域和顺序集结、报到、调动及疏散，负责服装、道具的分发与保管，负责外场的急救站、饮水站、交通车辆的安置等事务；各出入口指挥员，组织引导表演队伍按顺序进入表演场地，表演结束后引导表演队伍退场。

2. 表演阶段的会议安排

表演阶段是训练的完成阶段，它的主要任务是尽一切努力胜利地完成彩排、预演和最后正式表演。该阶段的主要任务包括：深入动员，要高质量地完成表演任务，消除各种不正确的想法和不满情绪等；预演和正式表演前召开会议，对各项工作进行细致分工，落实和进行检查，包括明确表演时间、集合地点、各级指挥位置、疏散路线、表演服装、道具分发与保管，交通、急救站、安全问题等；每次预演与正式表演后及时召开会议，总结工作，提出改进工作的措施。

总之，训练工作应注意其科学性，要切实可行、行之有效。在时间安排上要留有充分的余地，以应付各种未曾预料的突发状况，保证训练工作的顺利进行。

第二节　高校团体操的训练工作

一、团体操的排练特点

随着时代的进步、高科技的运用、社会需求的变化、人们观念的更新，目前团体操的内容包含体育、歌舞、军事项目、杂技与时装表演等多种运动和艺术，形成融体育各项目、艺术的各种表演以及其他娱乐表演形式为一体的大型综合体育艺术表演。参与人数多、规模大、涉及面广、组织排练程序复杂是其突出特征，而在具体的排练中也逐步形成了自身的训练特点、方法和规律。研究和遵循这些特点、方法和规律，采用有效的手段，可以提高训练效率和效果，顺利完成排练与表演任务。

目前团体操表演正向综合表演形式发展，传统的单一训练已不能满足需要，现在必须排和练相结合，整个排练工作是保证团体操表演成功的关键。由于参与人员多、组织难度大，严密、科学的组织管理和富有凝聚力的组织动员工作是团体操排练的重要保障。排练组的各级指挥员和教练员应团结一致，充分领会设计者创编表演方案的意图。排练工作应贯彻循序渐进，动作从易到难、由简到繁、由局部到整体的排练原则。方法要灵活多变，不可墨守成规。团体操排练工作的突出特点体现在以下几个方面。

（一）计划性

团体操从组织、设计创编到最后正式表演是一个大的系统工程，常常是牵一发而动全身。而排练工作是团体操的核心，因此，一旦确定工作计划之后，就要严格按预定计划定人、定位、定时，保证高质量地完成既定任务。另外，排练工作计划的制订也要留有余地，以保证局部的意外事件和个别调整不影响整个团体操训练的进程。

（二）业余性

参加团体操排练的人员大多是由各单位临时调集，一般由学生、解放军、工人等组成，人员素质参差不齐，缺乏必要的基本功和团体操知识。排练过程中，指挥员和教练要非常清醒地意识到这一点，以便耐心、细致地循循诱导。而排练时间一般是利用绝大部分人员的节假日和业余时间，所以对思想动员、后勤保障等方面的工作，应予以足够的重视。

（三）整体性

团体操训练工作牵涉面广，表演以齐整为特征，应做到配乐节奏准、队形图案跑位准、动作到位准，练操、合操、表演时间掌握准。为了达到整齐划一的集体效果，排练工作还要考虑其系统性、整体性。整个排练工作是一环套一环的闭合结构，排练中各个部分要及时互通信息、相互交流，因而排练计划要从整体出发，系统地安排和协调各个部分的训练与休整。

二、团体操排练的具体任务、方法与形式

（一）团体操排练各阶段的具体任务

根据团体操排练各阶段的划分，准备、排练和表演三个阶段的具体任务如下。

①准备阶段包括确定参演单位和人员，培训教练员和骨干，编队，准备训练场地、扩音设备、代用道具等。

②排练阶段为团体操各项内容训练的主要阶段，通过训练使表演者熟练掌握表演动作。它包括基本功训练、表演动作训练、表演队形图案训练、分段训练、整场操配乐训练、背景训练、候补队员的训练等。

③表演阶段包括彩排、预演和正式演出。

（二）团体操排练的具体方法

技术训练的质量是评价团体操表演效果的最直观的根据。因此根据表演动作、队形变化、组图案、进退场各种配合训练等不同内容，采取不同的训练方法来增强训练效果是很必要的。

1. 基本功训练

团体操的基本功训练是在正式排练之前的准备训练。通过一些基础动作与素质练习，进一步了解和筛选表演人员，确定表演单位在表演中的位置，并为正式排练动作与队形做好充分的准备。

团体操基本功训练的内容大致有：队列动作的练习；柔韧、力量、协调等素质练习；舞蹈基本动作的练习；徒手操、健美操等基本动作的练习；托举造型动作的辅助练习等。基本功训练的具体内容应根据不同表演内容的需要来选择安排。基本功训练内容的难度不宜过大，有条件的学校和单位可提前几个月就进行，并可以设为体育课（体育健身活动）的教学训练内容。训练可选择灵活多样的集体、小组和个人等形式，采取一些有效的措施与方法，编排一些具有娱乐和游戏特色的动作练习组合，改变以往基本功单调枯燥的训练模式，提高练习的乐趣。

2. 技术骨干培训

团体操训练任务仅靠少数教练员来完成是很困难的，必须培养一定数量的技术骨干来协助教练员的工作。骨干人数可根据操的特点和需要而定。在每次训练前，可根据需要先训练骨干，然后教练员再依靠他们的示范动作组织训练。在教练员严重缺乏的情况下，可以在骨干中培养一批小教练，从而形成“教练—小教练—骨干队员— 一般队员”的训练管理层次。

3. 替补人员的训练

替补人员的确定与训练是团体操正式表演的安全保证，是一项不可忽视的重要工作任

务。替补人员的选择与确定工作必须慎重对待，替补人员应由技术全面、能力强的人员担当，对替补人员进行训练前首先要解决认识问题，使他们明确替补人员的重要作用与训练任务，针对他们的训练要求高，而且任务重。如考虑不周、安排不当，就可能出现无人候补或替补上之后不能按要求熟练完成表演任务的情况，从而给最后的正式表演造成损失。通常选用技术骨干和小教练充当替补人员能起到事半功倍的效果。在替补人员分派上，要在各个场次的各个表演部分预留一定数量的替补人员，并且替补人员应与正式表演人员享受同样的待遇。

4. 表演队形的训练

团体操表演的队形较多，有的较为简单，有的较为复杂。为使队形变化达到迅速、准确、自然、流畅的要求，在训练前应配示范或示意图讲解队形，使表演者了解不同队形的含义及变化的方法；在进行简单队形变化时，可采用基准人、基准行、基准排在全体蹲下的情况下站起或相反的方法，使其他人看清基准人后，以此为目标变队进行训练；对于较为复杂的队形或图案训练，在对表演者讲清意图后，各部分教练员应非常明确各单位在图形中的位置、表演人员的分布情况，以及变化过程中表演人员运动的方向、路线、方法及拍节要求，持图上岗，先分开练习，再合练。

为了便于复杂队形或图案的训练，可先在场内布置特殊标志或画出图案的轮廓，然后由教练员带领表演者分别走到自己的位置，待各单位表演者熟练掌握了各自运动的方向、路线、方法及拍节的要求之后，便可在统一指挥下，由原来的队形直接变化为较为复杂的队形。值得注意的是，特殊标志的颜色必须有别于基本点的颜色或用料。场上的特殊标志应尽量少用，若几场操都有特殊标志，则各场特殊标志的颜色应有明显区别，便于表演者辨认。

掌握了每个队形之后，可以配合动作做队形变化，也可以只走队形不做动作，让表演者熟悉队形之间的联系和各种变化的位置。

动作训练与队形训练的顺序，要根据动作与队形的设计特点。一般采用先练队形后练动作的训练顺序，但更多地采用动作与队形同时进行或交叉进行的方式，这样有利于较快成型。

进场的队形及动作要与进场后的第一个队形及表演动作紧密地结合起来训练，退场队形及动作则要在适当的时间与下一场表演的入场队形及动作结合起来进行训练，使表演内容衔接紧密，变化自然、流畅。

5. 表演图案的训练

团体操表演中的图案有较直接的象征意义和代表性。通过形象的构图可体现主题，同时将表演推向高潮。图案的训练与队形训练有相似之处，但由于图案的组成人员众多、场面很大，往往需要几大块组成，分组训练中很难看出总体效果。因此，排练前应先直观讲解图案的构成，让参演人员明确所组成图案的形状、图案的总体轮廓及本单位站位的分布、基准人的方位等，使其知道准确到位的重要意义。同时绘制图案构成图，分发给各单位或各排练组（中队、小队）进行参照学练。

图案的形成是由队形的移动来完成的，进行训练时，充分利用场地设置的基本点、辅助点及标记号牌作为变队形的参照物，要求训练者实现每移动一个队形就掌握自己移动的方向（前、后、左、右、斜）的几个"点"和变化后与邻近人相距多少个"点"。图案变化训练可采用设置"基准人"的训练方法，根据预设的图案轮廓标记，由教练和技术骨干分别带领表演者移动到规定的位置上，待到对变队路线十分熟练并准确掌握时，再考虑加表演动作并配乐。

6. 表演动作的训练

团体操的表演动作大致可分为一致性的动作和不一致性的动作。

一致性的动作是指可以单人或多人，在同一时间内做的同样的或相似的动作，多在散点、综合造型上应用。一致性的动作训练时主要运用讲解示范法，一般采取单人示范法、分块及集体领做练习法。

不一致性的动作是指以若干人为一组，在不同的时间内做的同样的动作，从而呈现出整体动感画面的表演效果。典型动作有起伏的浪形动作等。不一致性的动作训练时一般采取小组示范法、小组及整体合练练习法。讲解时应分别清楚、详细地说明每一个人身体基本部位运动的方向、路线、动作过程、要领、动作节拍及规格要求等，之后在统一的慢口令下，一拍一拍地掌握好每一个动作的做法及规格要求，待动作做法、规格均达到要求后，再按正常速度在口令下完成。

另外，表演动作的训练可以与队形、图案的训练结合起来，可考虑穿插在复习队形或图案训练中，通过集体（队形、图案）与个人（表演动作）不同的练习形式，达到较好的训练效果。

7. 进场队形的训练

进场队形建立在进场后第一个队形的基础上，进场队形的训练需要与进场后第一个队形紧密结合起来。而进场前的队形预备位置应考虑表演者的水平、年龄及训练时间等因素，预备位置尽可能"缩小、隐蔽"队形及方位，做到不影响场上的表演，并使本场的表演具有突变、新奇的效果。

排练时如果进场后的第一个队形难度比较大，并且出现表演者水平一般、年龄较小或较大、训练时间较短等因素，则应考虑采用过渡法进场；如果表演者具有表演经验，且训练时间比较长，具有较高的接受能力，而为了到达较好的表演效果，应考虑采用直接法；采用层次法进场适用于本场的变化或上下两场的交替变化阶段，是一种较为新颖且巧妙的进场方法。用于本场表演中，主要起着递进主题、使之升华的作用；而用于上下场的表演中，主要起着巧妙连接、过渡的作用。

8. 退场队形的训练

退场是表演的最后一个环节，退场队形的设计和训练必须与最后一个队形紧密结合起来。同时，退场队形应与下一场表演的进场方向、形式、道具、队形、行进速度等因素有效配合，原则上应由先保证下一场表演的进场队形设计确定。

对于没有下一场衔接的独立退场，常采用先密集再以整齐、快速的行进动作退场的方式。退场队形的密集方位可根据退场的人数、方向、表演意图等，设计为先全体集中于中部或前部，再向前、侧、后集体或若干部分从不同的方向退出。

如果最后一个队（图）形可作为下一场表演的铺垫，本场最后时可勾画出一个图案的框架（定位），下一场表演者进入后填补图形。

退场训练不同于进场，需要与下一场的进场结合排练，才能保证场次衔接和配合的巧妙与有序。

9. 团体操配乐的训练

音乐既是团体操表演的指挥信号，也是重要的艺术装饰之一。全体表演者都应熟悉它、掌握它，并充分地表现它。为此，训练工作在基本完成口令指挥下的队形与动作的训练之后，应尽早地与音乐结合起来进行训练。在训练之余，还应反复地播放团体操的音乐，使表演者尽快熟悉乐曲，不断地加深对音乐的理解，掌握其旋律、节奏变化及情绪要求，以便表演者在音乐的伴奏下轻松自如并富有激情地进行表演。

在开始配乐训练时，可适当加入口令予以提示，待熟悉后便可以音乐代替口令指挥训练，并逐步提高表演者表现音乐内涵的能力。

（1）模拟配乐训练

在经过一段时间的口令指挥训练后，表演者对表演队形、图形、动作及进、退场已较为熟练，此时应及时进行室内或小集体的模拟配乐训练，发放表演音乐电子音频和播放全程音乐，使表演者了解音乐的节奏、情感及主旋律；由技术骨干现场示范进行表演动作分段配乐演示；运用由录制的口令指挥完成的排练动作视频，与音乐同步播放，模拟配乐演练；集体随音乐在教练的口令提示下配乐模拟训练。

（2）现场配乐训练

在表演动作、队形、图案和配乐模拟演练基本熟练的情况下，要及时进行现场配乐训练。开始配乐练习时可以加上完整口令进行训练，当音乐节奏与动作配合基本熟练后，可以逐步取消完整口令，采用提示性口令法，再过渡到直接用音乐伴奏完成练习。为强化配乐训练效果，可由示范组在台上领做。在进行队形和图案配乐时可采用旗语信号进行指挥提示，这种方法在正式表演时也可延续使用。

10. 思想作风的培养与训练

思想作风的培养与训练是团体操训练和表演工作中的重要一环。在人数众多、时间较长的训练工作中，表演中会产生各种各样的思想情绪，如不及时发现和解决就会使训练工作受到影响。我们提倡“练操又练人”，通过团体操的训练和表演，可有意识地培养正确的思想和良好的作风。下面介绍一些在各个阶段表演者经常产生的思想问题和所采取的措施。

（1）准备阶段

刚开始表演者被批准参加团体操表演后，绝大多数人都很兴奋，但又不太了解团体操是怎样一回事，更不知它的任务有多重。在基本功训练开始后，经过严格训练，表演者的身体出现酸痛反应，此时很容易产生怕痛、怕苦的畏难情绪；再经过一段时间的训练，身体适应了，需要坚持下去和提高要求时，又会产生急于求成的急躁情绪。此时应注意采取不同的方法。

①提高对团体操表演的认识，端正态度。经过充分动员，详细讲明表演的意义和任务，并配合团体操录像和电影，使表演者对团体操有一个初步的认识，使他们进一步认识到自己所承担的表演内容及任务，提高认识，端正态度，提高自觉性。

②对于在基本功训练中产生的情绪，一方面要使表演者从思想上了解基本功的重要性和坚持长时间刻苦练习的必要性，另一方面将基本功动作定出等级标准，定期评比并公布每个人的进展情况；同时观摩基本功练习中有显著成绩的单位所进行的基本功训练等，使之能启发学生有目标地踏踏实实地坚持刻苦训练。

（2）训练阶段

经过严格的基本功训练转入正式表演动作训练后，起初表演者的积极性很高，但在初步掌握了表演动作之后，很容易产生“差不多”的盲目乐观思想和松劲情绪；在要求提高动作质量或发现方案的问题做必要修改时，会产生厌烦情绪，安于现状怕变动；在训练取得成绩受到表扬时，有些人又容易产生自满情绪；评比不如其他单位时又容易产生悲观失望和埋怨情绪等。这些情绪不时地影响着训练工作，需要做大量的思想工作，引导表演者积极自觉地投入训练。针对以上情况应采取以下方法。

①经常做思想动员和宣传教育工作。通过板报、广播等及时表扬好人好事，做好现场宣传工作，使表演者刻苦训练。

②建立临时党、团、队组织，发挥组织作用和政治骨干的先锋模范作用。

③领导要深入训练现场，从政治上、训练上和生活上关心群众。

④经常组织一些与本操内容有联系的电影晚会，通过这样的活动启发表演者在训练中的思想感情。

⑤组织会操评比，向先进单位学习。

⑥定期交流政治思想工作经验，不断改进思想政治工作。

⑦边练操边紧抓学生的学习问题，使其真正从德、智、体各方面得到发展。

（3）表演阶段

在此阶段表演者的政治热情是很高的，态度是认真的。但要教育表演者发挥最好的水平，不要过于紧张，注意身体健康，注意饮食卫生，防止各种疾病和事故的发生。每表演一次总结一次经验教训，提高一次效果，保证训练和表演任务的胜利完成。

（三）团体操排练的具体形式

根据团体操整个排练过程的进度可进行分块与组合训练，即分练与合练。常采用单位分练、分片合练、单操合练、各场操联排、操与背景的合练等几种形式。

1. 单位分练

单位分练指各单位组织的训练，它是训练工作中最基本的形式。分练中，各单位要按照表演内容及训练计划的要求，完成本单位所承担的全部表演队形及动作的训练任务（由于人数的关系，某些队形可能是不完整的）。训练工作应循序渐进，注重质量。分练工作抓得好，可以为合练、正式表演打下良好的基础。

2. 分片合练

分片合练是指在分练的基础上，几个在设计方案中邻近的单位进行的联合训练。其目的是解决分练中不能解决的队形、动作配合与连接等问题，起到统一动作、相互交流、相互促进的作用。

3. 单操合练

单操合练是指在单位分练和分片合练的基础上，将一场操中的所有单位联合起来进行训练。其目的是解决进场、场内表演中各种队形变化及动作的衔接、大图案的组成以及退场等训练问题；检查训练与表演效果，并进一步改进与完善表演方案；相互观摩，评比竞赛，促进提高。

4. 各场操联排

这是大型团体操表演中的一种训练形式，它是在各场操合练的基础上组织的联合排练。其目的是解决各场操之间的衔接以及最后集体表演的训练问题，检查总体表演效果，进一步改进与完善各部分的表演，同时也起到相互促进的作用。

5. 操与背景的合练

操与背景的合练也是大型团体操表演中的一种形式。其目的是解决背景如何配合各场操进行表演，具体地解决每一场操中出现哪几幅画面（包括活动画面和灯光设施的表演），以及这几幅画面应该在表演进行到什么队形（或动作）、音乐演奏到什么旋律时出现，使背景与场内表演配合默契、融为一体。在进行合练的同时，还应组织背景与操分别表演，通过互相观摩了解各自的表演内容，并达到相互鼓励、相互促进、共同提高的目的。背景与操联合训练的过程也是团体操表演中各级指挥人员协同合作的练习机会。

因此，在训练形式上要注意以分块练习为基础，适时进行不同形式的组合练习。在合练中重点突出协调配合、前后呼应、有机结合。通常采用分块练习与小组合练相结合，小组合练与分场练习相结合，单操练习与队形练习相结合，场上表演与背景训练相结合等不同形式的训练方法。

第三节　高校团体操的表演

校园性团体操的表演，主要分为彩排和正式表演两个阶段。彩排是表演前的总练习，也是检查各项准备工作的好办法，可对正式表演做最后的修订。正式表演中校园性团体操的真正目的，是对参加此项工作的全体成员的劳动成果进行检验，也是运动会或重大节日的一个良好开端。因此显得格外重要，一点也不允许有任何的麻痹大意和差错。

一、彩排

彩排是校园性团体操不可缺少的重要组成部分，也是正式表演前的一次总演习。因此，彩排的好坏直接影响到正式表演的效果。所以要求参加彩排的全体工作人员和全体同学对表演的动作、队形、图案、进场、退场都必须尽心尽力。

彩排前，服装道具组应事先安排好服装道具的分发时间、地点，可按班组集体领取，彩排结束时及时收回服装道具。在收回的过程中认真清点，如发现有破损的地方，便可及时修补或添置，以确保正式表演之用。后勤组应事先确定各年级或各班的集合地点、时间和上车顺序，以及彩排完成后上车的地点和上车的时间。最好是按正式表演的上下车地点进行安排，便于准时参加彩排和表演。

编训组在彩排前应把音响、场地检查好，音响应设置在易于观察全场的位置，喇叭安置在表演场地的四周，以便场地中任何一处都能收到同样的音响效果。场地应按团体操的要求布置在正对主席台的前方，并打好特殊标志，选好进场的路线。还要实地听放整场团体操表演的音乐，同时与音响组的工作人员按事先确定的信号，不断地保持联系。当彩排中需要临时中止音乐以便纠正动作时，总指挥或编训组应发出中止音乐的信号和再次开始的信号。根据编训组的意见或者学校领导的意见，彩排可进行一次性彩排，也可进行多次彩排，目的是通过彩排让学生在有众多领导和观众观看的情况下，能像训练时一样沉着、准确、整齐、熟练、轻松自如地完成表演动作。

当然，在彩排开始前，若由学校领导或领导小组负责人进行一次思想动员工作，效果会更好。彩排这种形式也是检查各个部门相互协调配合程度的好办法。如发现有部门配合不够紧凑、严密，或者不够明确的地方，可通过彩排后的总结及时提出改进意见，并由领导小组负责人在会上提出相应的要求或规定，以确保正式表演的成功。

二、正式表演

在认真总结预演工作中的经验教训的基础上，正式表演前仍需进一步周密计划，认真严格地加以组织，充分地做好表演前的一切准备工作，力求出色地完成团体操的表演任务。

其中，在正式表演前，各级各部门领导以及工作人员、参与人员都要做好各方面的准备，以期获得团体操表演的最终成功。因此，在表演前应该周密地部署各项工作。

（一）表演前的准备工作

①表演前要对表演人员进行深入动员，进一步明确表演的目的与意义，加强全体人员的政治责任感，激励并增强全体表演者出色地完成表演任务的信心和决心。

②要明确表演时各级指挥人员的职责、岗位所在地、联络工具及其信号。可以按照岗位分工情况为各级指挥人员发放工作证，不同的工作证应限制可活动的范围，避免因无关人员在场地内观看而影响表演。

③工作证的样式和可活动范围要与负责安保的工作人员沟通清楚，避免由于沟通不畅而造成指挥人员的必要活动和指挥受限而影响表演的顺利进行。

④明确表演的时间、地点、各单位表演人员集合地点、运输车辆、各单位表演前集结的时间与地点，表演完毕后疏散的地点与路线及应对特殊情况的预案等。

⑤详细规划各场操表演前的准备位置及熟悉表演场次的顺序与时间，明确表演服装、道具以及背景表演用品的分发与保管办法。

⑥布置好表演场地，包括全场的基本标记和各场操的特殊标记、坐标标示牌等。

（二）人员集结与服装道具检查

①时间上一般都要求在大会正式开始前一小时到达指定的集合地点，按顺序、分场次和保持进场队形原地休息待命。此时可允许学生饮水、上厕所或原地做些准备活动，但绝不允许自由离队或离开集合地点。

②在全体表演人员到达集合地点、就地休息待命时，负责各场次训练和表演的教练应立即清点正式表演人数和替补队员人数，反复检查各重要位置的主要人员。如临时发现个别有病或离场的学生，应立即从替补队员中补充。

③在清点人数后，要再次对服装道具进行检查，如发现有损坏，可从替补队员或备用服装道具中补充。在冬季表演检查服装道具的同时，还要规定更衣时间和更衣的地方，让学生能够在较短的时间内穿上防寒的冬衣，减少生病感冒的机会，以保证学生的身心健康。

（三）有序进场、退场

进场包括分场的进场和整场的进场。新颖与独特的进场形式既可反映分场的主题思想和风格特点，又能扣人心弦，把人们带入该场的意境中去。

退场也是表演的一个组成部分，但往往被人们所忽视，一个好的退场会给观众留下深刻的印象。退场队形一般是在表演最后一个队形的基础上，迅速密集形成纵队或横队，用走步或跑步配合音乐节奏退出场地。一场好的团体操表演中，它的各分场的进场音乐最好就是上一场的退场音乐，使观众所见的各分场团体操融为一个整体，发挥出整体效果。它不仅让人看到上一场的退场，更为下一分场的进场创造良好的气氛和条件；同时整齐严谨的退场也可节约表演的时间，为整个大会或重要节目画上一个圆满的句号。

（四）正式表演

前述所有工作就绪以后，整个表演队伍只等待总指挥的命令，一旦命令下达，表演就应有序地进行。在团体操的正式表演过程中，尤其重要的是各分场间的相互衔接。因此在第一场的全体同学进场之后，第二分场的同学就应无声而有序地进入进场起点待命。当第一分场即将结束时，第二分场的学生应集合好队伍，随着退场音乐跑步或齐步进场到达各自的位置，进行表演。第三、第四分场的进场表演依此类推，直至整个表演顺利完成。团体操表演结束之后，领导小组、各工作小组均要做书面总结，在适当的时候召开总结表彰大会，结束整个校园性团体操的表演工作。

（五）善后总结

表演结束之后应及时而认真地总结各项工作的经验与教训，并做好资料的收集与整理工作，以利于团体操事业的不断发展。对表演中所用的服装、道具等物品也要做妥善安排。

参考文献

[1] 秦华 . 中国传统审美意象与美术教育 [M]. 重庆：西南师范大学出版社，2014.

[2] 何溪 . 团体操编排教程 [M]. 北京：经济科学出版社，2017.

[3] 韦广忠 . 基本体操理论教学与实践 [M]. 武汉：武汉大学出版社，2006.

[4] 周彦宏，钟顺秋 . 市场运作下大型团体操表演教程 [M]. 延吉：延边大学出版社，2018.

[5] 黄宽柔 . 中国团体操的传承与创新发展 [M]. 北京：人民体育出版社，2018.

[6] 王晶晶 . 高校团体操选修课教学实践研究 [M]. 北京：科学技术文献出版社，2016.

[7] 邱建钢，柯为国 . 团体操基础教程 [M]. 北京：人民体育出版社，2012.

[8] 赵海波 . 团体操的范式理论构建及在我国的发展 [M]. 北京：北京体育大学出版社，2015.

[9] 范大明，赵晓霞 . 团体操设计与创编 [M]. 北京：作家出版社，2010.

[10] 黄宽柔 . 健美操与团体操双语教程 [M]. 北京：高等教育出版社，2012.

[11] 李群英 . 现代团体操创编理论与实践 [M]. 长沙：中南大学出版社，2005.

[12] 吴宇薇，杨再辉 . 当代运动与艺术潮流：体操与艺术体操欣赏 [M]. 长春：吉林出版集团有限责任公司，2014.

[13] 李国清，胡志刚，闫雪辉 . 团体操 [M]. 哈尔滨：哈尔滨地图出版社，2004.

[14] 杨红，柯为国，王韬 . 校园庆典团体操创编 [M]. 成都：四川人民出版社，2013.

[15] 卢元镇 . 中国体育文化纵横谈 [M]. 北京：北京体育大学出版社，2005.

[16] 黄莉 . 中华体育精神研究 [M]. 北京：北京体育大学出版社，2008.

[17] 高留红 . 团体操表演功能：仪式、文化与艺术 [J]. 北京体育大学学报，2018（07）：43-48.

[18] 高留红 . 团体操不同模式规模的研究 [J]. 运动，2015（18）：149-150.

[19] 高留红 . 论团体操的内涵及表演模式的发展演变 [J]. 北京体育大学学报，2014（11）：92-99.

[20] 栾丽美 . 团体操活动对大学生教育效果的研究 [J]. 运动，2016（15）：50.

[21] 赵云书，王琴，赵荣分 . 新中国早期全国运动会开幕式团体操表演研究 [J]. 兰台世界，2015（25）：147-148.

[22] 刘邦华 . 全国运动会开幕式团体操改革研究 [J]. 体育科技，2015（03）：6-8.

[23] 陈春娣 . 高校团体操训练中的心理调适及其德育教育 [J]. 当代体育科技，2015

（03）：56-57.

[24] 吕远阳，刘弘，李焱 . 多目标优化算法在团体操队形变换中的应用 [J]. 济南大学学报（自然科学版），2015（04）：263-268.

[25] 吴欣，张琴 . 论团体操的式微与创新发展 [J]. 体育文化导刊，2017（06）：37-41.

[26] 王晶晶 . 论新时期高校团体操的创编与训练思路 [J]. 当代体育科技，2016（30）：32-33.

[27] 文巍 . 团体操教育教学研究 [J]. 湖北函授大学学报，2016（21）：143-144.

[28] 张翠 . 团体操动作创编与音乐融合作用 [J]. 体育世界（学术版），2018（07）：61.

[29] 高珊珊 . 校园团体操编排现状及发展趋势探究 [J]. 赤峰学院学报（自然科学版），2018（05）：118-119.

[30] 孙敏 . 团体操的创编与排练技巧分析 [J]. 湖北成人教育学院学报，2016（03）：50-53.

[31] 史宏涛 . 高校团体操的创编与训练方法 [J]. 当代体育科技，2016（11）：20.

[32] 韩玮 . 高校团体操组织进行模式的研究 [J]. 当代体育科技，2016（08）：65.

[33] 闫丽敏，李玫红 . 我国团体操队形图案设计的理论研究 [J]. 军事体育进修学院学报，2012（02）：38-40.

[34] 闫丽敏，赵艳玲 . 我国团体操队形设计研究评述 [J]. 体育研究与教育，2012（02）：113-115.

[35] 黄宽柔 . 团体操高效训练模式的探索与构建 [J]. 中国体育科技，2014（06）：67-71.

[36] 黄宽柔，赵海波 . 团体操表演范式的构建与解读 [J]. 体育与科学，2014（04）：85-92.

[37] 王秀平，吕纳 . 视觉传达设计运用于运动会团体操创编探析 [J]. 廊坊师范学院学报（自然科学版），2014（05）：101-102.

[38] 闫亭亭，济博 . 波浪动作在团体操表演中的应用特征研究 [J]. 运动，2014（10）：150-151.

[39] 王丽娜，邹立娇，冯唯锐 . 大型团体操表演在提升艺术类体育课程教学质量过程中的作用 [J]. 湖北体育科技，2014（05）：459-461.

[40] 王秀平，王健，齐芳 . 我国大型运动会开幕式团体操表演发展趋势的研究 [J]. 体育科技，2014（02）：37-38.

[41] 周莅 . 团体操队形编排设计方法研究初探 [J]. 经济研究导刊，2013（33）：217-218.

[42] 方芳 . 论团体操的德育价值和美育价值 [J]. 运动，2013（16）：121-122.

[43] 马娜 . 团体操教学对大学生心理健康及社会适应能力影响的调查研究 [J]. 四川体育科学，2013（04）：49-51.

[44] 关毅 . 对提高校园团体操排练效率的方法研究 [J]. 才智，2013（20）：93.

[45] 田小儒 . 高校运动会健美操团体操的创编 [J]. 内江科技，2013（06）：114.

[46] 周莅 . 基于公式化的团体操圆形队形设计初探 [J]. 德州学院学报，2013（04）：93-95.

[47] 姚煜 . 体验教育视域下团体操运动训练课程研究 [J]. 赤峰学院学报（自然科学版），2013（10）：115-116.

[48] 马娜 . 浅析团体操在高校校园体育文化建设中的作用 [J]. 搏击（体育论坛），2013（02）：61-62.

[49] 闫亭亭，齐博，高留红 . 我国大型运动会开幕式团体操表演中色系的运用特征分析 [J]. 运动，2013（01）：149-150.

[50] 陈丽妹 . 对我国团体操创编题材选择趋向的研究：从弘扬中华文化的视角 [J]. 长春理工大学学报，2013（01）：102-103.

[51] 温志宏，张媛媛 . 学校开展团体操教学与表演的探讨 [J]. 教学与管理，2012（12）：124-125.

[52] 杨明 . 团体操表演队形及其变化过程的设计技巧 [J]. 体育世界（学术版），2012（10）：48-49.

[53] 那春艳，杨红，王占峰 . 校园庆典团体操的特性及文化价值研究 [J]. 体育科技文献通报，2012（09）：116-117.

[54] 孙银花 . 怎样创编校园团体操 [J]. 运动，2012（11）：123.

[55] 朱立志，杨东伟 . 团体操的发展演变及其遇到的问题 [J]. 现代交际，2012（05）：136.

[56] 章敏，杨红，王占峰 . 校园庆典团体操的特性及文化价值研究 [J]. 南京体育学院学报（自然科学版），2012（02）：99-100.

[57] 张汉生，高留红 . 团体操队形与图案的基本图素研究 [J]. 运动，2012（06）：141-143.

[58] 罗艳春，邓小刚 . 团体操队形与动作关系研究 [J]. 内江科技，2012（01）：42.

[59] 周莅 . 基于数学方法的团体操队形设计研究初探 [J]. 赤峰学院学报（自然科学版），2012（06）：139-140.

[60] 赵元吉，吴兆红，王凌云 . 现代学校体育：体育精神的培养与健康教育的弘扬并行不悖 [J]. 首都体育学院学报，2005（01）：47-49.